吉林全書

著述編

⑨

吉林文史出版社

圖書在版編目（CIP）數據

吴大澂集. 三 / (清) 吴大澂撰. -- 長春 : 吉林文史出版社, 2025. 5. -- (吉林全書). -- ISBN 978-7-5752-1119-2

Ⅰ. Z429.52

中國國家版本館 CIP 數據核字第 2025MR9924 號

WU DACHENG JI SAN

吴大澂集　三

撰　　者　[清] 吴大澂
出 版 人　張　强
責任編輯　王　非　王麗環
封面設計　溯成設計工作室
出版發行　吉林文史出版社
地　　址　長春市福祉大路5788號
郵　　編　130117
電　　話　0431-81629356
印　　刷　吉林省吉廣國際廣告股份有限公司
印　　張　33
字　　數　95千字
開　　本　787mm × 1092mm　1/16
版　　次　2025年5月第1版
印　　次　2025年5月第1次印刷
書　　號　ISBN 978-7-5752-1119-2
定　　價　168.00圓

《吉林全書》編纂委員會

總序

『長白雄東北，嵯峨俯塞州。』吉林省地處中國東北中心區域，是中華民族世代生存融合的重要地域，素有『白山松水』之地的美譽。歷史上，華夏、濊貊、肅慎和東胡族系先民很早就在這片土地上繁衍生息，高句麗、渤海國等中國東北少數民族政權在白山松水間長期存在，以契丹族、女真族、蒙古族、滿族融合漢族在内的多民族形成的遼、金、元、清四個朝代，共同賦予吉林歷史文化悠久獨特的優勢和魅力，決定了吉林文化不可替代的特色與價值，具有緊密呼應中華文化整體而又與衆不同的生命力量，見證了中華民族共同體的融鑄和我國統一多民族國家的形成與發展。

提到吉林，自古多以千里冰封的寒冷氣候爲人所知，一度是中原人士望而生畏的苦寒之地，一派肅殺之氣。再加上吉林文化在自身發展過程中存在着多次斷裂，致使衆多文獻湮没、典籍無徵，一時多少歷史文化精粹『明珠蒙塵』，因此，形成了一種吉林缺少歷史積澱，文化不若中原地區那般繁盛的偏見。實際上，在數千年的漫長歲月中，吉林大地上從未停止過文化創造，自青銅文明起，從先秦到秦漢，再到隋唐直至明清，吉林地區不僅文化上不輸中原地區，還對中華文化産生了深遠的影響，爲後人留下了衆多優秀古籍，涵養着吉林文化的根脉，猶如璀璨星辰，在歷史的浩瀚星空中閃耀着奪目光輝，標注着地方記憶的傳承與中華文明的賡續。我們需要站在新的歷史高度，用另一種眼光去重新審視吉林文化的深邃與廣闊，通過豐富的歷史文獻典籍去閱讀吉林文化的傳奇與輝煌。

吉林歷史文獻典籍之豐富，源自其歷代先民的興衰更替、生生不息。吉林文化是一個博大精深的體系，從左家山文化的『中華第一龍』，到西團山文化的青銅時代遺址，再到二龍湖遺址的燕國邊城，都見證了吉林大地的文明在中國歷史長河中的肆意奔流。早在兩千餘年前，高句麗人的《黄鳥歌》《人參贊》以及《留記》等文史作品就已在吉林誕生，成爲吉林地區文學和歷史作品的早期代表作。高句麗文人之《新集》，渤海國人『疆理雖重海，車書本一家』之詩篇，金代海陵王詩詞中的『一咏一吟，冠絶當時』，再到金代文學的『華實相扶，骨力遒上』，皆凸顯出吉林不遜文教、獨具風雅之本色。

吉林歷史文獻典籍之豐富，源自其地勢四達并流、山水環繞。吉林土地遼闊而肥沃，山河壯美而令人神往，吉林大地可耕可牧、可漁可獵，無門庭之限，亦無山河之隔，進出便捷，四通八達。沈兆禔在《吉林紀事詩》中寫道，『肅慎先徵孔氏書』，印證了東北邊疆與中原交往之久遠。早在夏代，居住於長白山脚下的肅慎族就與中原建立了聯係。一部《吉林通志》，『考四千年之沿革，挈領提綱；綜五千里之方輿，辨方正位』，從時間和空間兩個維度，寫盡吉林文化之淵源深長。

吉林歷史文獻典籍之豐富，源自其民風剛勁、民俗絢麗。《長白徵存録》寫道，『日在深山大澤之中，伍鹿豕、耦虎豹，非素嫻技藝，無以自衛』，描繪了吉林民風的剛勁無畏，爲吉林文化平添了幾分豪放之感。清代藏書家張金吾也在《金文最》中評議，『知北地之堅强，絶勝江南之柔弱』，足可見，吉林大地與生俱來的豪健英杰之氣。同時，與中原文化的交流互通，也使邊疆民俗與中原民俗相互影響、不斷融合，既體現出敢於拼搏、鋭意進取的開拓精神，又兼具脚踏實地、穩中求實的堅韌品格。

吉林歷史文獻典籍之豐富，源自其諸多名人志士、文化先賢。自古以來，吉林就是文化的交流彙聚之地，從遼、金、元到明、清，每一個時代的文人墨客都在這片土地留下了濃墨重彩的文化印記。特别是，清代東北流人的私塾和詩社，爲吉林注入了新的文化血液，用中原的文化因素教化和影響了東北的人文氣質和文化形態；至近代以『吉林三杰』宋小濂、徐鼐霖、成多禄爲代表的地方名賢，以及寓居吉林的吴大澂、金毓黻、劉建封等文化名家，將吉林文化提升到了一個全新的高度，他們的思想、詩歌、書法作品中無一不體現着吉林大地粗狂豪放、質樸豪爽的民族氣質和品格，滋養了孜孜矻矻的歷代後人。

盛世修典，以文化人，是中華民族延續至今的優良傳統。我們在歷史文獻典籍中尋找探究有價值、有意義的歷史文化遺産，於無聲中見證了中華文明的傳承與發展。吉林省歷來重視地方古籍與檔案文獻的整理出版。自二十世紀八十年代以來，李澍田教授組織編撰的《長白叢書》，開啓了系統性整理、組織化研究吉林文獻典籍的先河，贏得了『北有長白，南有嶺南』的美譽；進入新時代以來，鄭毅教授主編的《長白文庫》叢書，繼續肩負了保護、整理吉林地方傳統文化典籍，弘揚民族精神的歷史使命，從大文化的角度折射出吉林文化的續紛异彩。隨着《中國東北史》和《吉林通史》等一大批歷史文化學術著作的問世，形成了獨具吉林特色的歷史文化研究學術體系和話語體系，對融通古今、賡續文脉發揮了十分重要的作用。正是擁有一代又一代富有鄉邦情懷的吉林文化人的辛勤付出和豐碩成果，使我們具備了進一步完整呈現吉林歷史文化發展全貌，淬煉吉林地域文化之魂的堅實基礎和堅定信心。

當前，吉林振興發展正處在滚石上山、爬坡過坎的關鍵時期，機遇與挑戰并存，困難與希望同在。站在這樣的歷史節點，迫切需要我們堅持高度的歷史自覺和人文情懷，以文獻典籍爲載體，全方位梳理和展示吉林政治、經濟、社會、文化發展的歷史脉絡，讓更多人瞭解吉林歷史文化的厚度和深度，感受這片土地獨有的文化基因和精神氣質。

鑒於此，吉林省委、省政府作出了實施《吉林全書》編纂文化傳承工程的重大文化戰略部署，這不僅是深入學習貫徹習近平文化思想、認真落實黨中央關於推進新時代古籍工作要求的務實之舉，也是推進吉林優秀傳統文化保護傳承、建設文化强省的重要舉措。歷史文獻典籍是中華文明歷經滄桑留下的最寶貴的東西，是吉林優秀歷史文化『物』的載體，彙聚了古人思想的寶藏、先賢智慧的結晶。對歷史最好的繼承，就是創造新的歷史。傳承延續好這些寶貴的民族記憶，就是要通過深入挖掘古籍藴含的哲學思想、人文精神、價值理念、道德規範，推動中華優秀傳統文化創造性轉化、創新性發展，作用于當下以及未來的經濟社會發展，更好地用歷史映照現實、遠觀未來。這是我們這代人的使命，也是歷史和時代的要求。

從《長白叢書》的分散收集，到《長白文庫》的萃取收録，再到《吉林全書》的全面整理，以歷史原貌和文化全景的角度，進一步闡釋了吉林地方文明在中華文明多元一體進程中的地位作用，講述了吉林人民在不同歷史階段爲全國政治、經濟、文化繁榮所作的突出貢獻，勾勒出吉林文化的質實貞剛和吉林精神的雄健磊落、慷慨激昂，引導全省廣大幹部群衆更好地瞭解歷史、瞭解吉林，挺起文化脊梁、樹立文化自信，不斷增强砥礪奮進的恒心、韌勁和定力，持續激發創新創造活力，提振幹事創業的精氣神，爲吉林高品質發展明顯進位、全面振興取得新突破提供有力文化支撑，彙聚强大精神力量。

爲扎實推進《吉林全書》編纂文化傳承工程，我們組建了以吉林東北亞出版傳媒集團爲主體，涵蓋高等院校、研究院所、新聞出版、圖書館、博物館等多個領域專業人員的《吉林全書》編纂委員會，并吸收國内知名清史、民族史、遼金史、東北史、古典文獻學、古籍保護、數字技術等領域專家學者組成顧問委員會，經過認真調研、反復論證，形成了《〈吉林全書〉編纂文化傳承工程實施方案》，確定了『收集要全、整理要細、研究要深、出版要精』的工作原則，明確提出在編纂過程中不選編、不新創，尊重原本、致力全編，力求全方位展現吉林文化的多元性和完整性。在做好充分準備的基礎上，《吉林全書》編纂文化傳承工程於二〇二四年五月正式啓動。

爲高質量完成編纂工作，編委會對吉林古籍文獻進行了空前的彙集，廣泛聯絡國内衆多館藏單位，尋訪民間收藏人士，重點以吉林省方志館、東北師範大學圖書館、長春師範大學圖書館、吉林省社科院爲收集源頭開展了全面的挖掘、整理和集納；同時，還與國家圖書館、上海圖書館、南京圖書館、遼寧省圖書館、吉林省圖書館、吉林市圖書館等館藏單位及各地藏書家進行對接洽談，獲取了充分而精准的文獻信息。同時，專家學者們也通過各界友人廣澂稀見，在法國國家圖書館、日本國立國會圖書館、韓國國立中央圖書館等海外館藏機構搜集到諸多珍貴文獻。在此基礎上，我們以審慎的態度對收集的書目進行甄別、分類、整理和研究，形成了擬收録的典藏文獻名録，分爲著述編、史料編、雜集編和特編四個類别。此次編纂工程不同於以往之處，在於充分考慮吉林的地理位置和歷史變遷，將散落海内外的日文、朝鮮文、俄文、英文等不同文字的相關文獻典籍一并集納收録，并以原文搭配譯文的形式收於特編之中。截至目前，我們已陸續對一批底本最善、價值較高的珍稀古籍進行影印出版，爲館藏單位、科研機構、高校院所以及歷史文化研究者、愛好者提供參考和借鑒。

『周雖舊邦，其命維新』，文獻典籍最重要的價值在於活化利用。編纂《吉林全書》并不意味着把古籍束之高閣，而是要在『整理古籍、複印古書』的基礎上，加强對歷史文化發展脉絡的前後貫通、左右印證，更好地服務於對吉林歷史文化的深入挖掘研究。爲此，我們同步啓動實施了『吉林文脉傳承工程』，旨在通過『研究古籍、出版新書』，讓相關學術研究成果以新編新創的形式著述出版，借助歷史智慧和文化滋養，通過創造性轉化、創新性發展，探尋當前和未來的發展之路，以守正創新的正氣和鋭氣，賡續歷史文脉、譜寫當代華章。

做好《吉林全書》編纂文化傳承工程是一項『汲古潤今，澤惠後世』的文化事業，責任重大、使命光榮。我們將秉持敬畏歷史、敬畏文化之心，以精益求精、止於至善的工作信念，上下求索、耕耘不輟，爲實現文化種子『藏之名山，傳之後世』的美好願景作出貢獻。

《吉林全書》編纂委員會

二〇二四年十二月

凡例

一、《吉林全書》（以下簡稱《全書》）旨在全面系統收集整理和保護利用吉林歷史文獻典籍，傳播弘揚吉林歷史文化，推動中華優秀傳統文化傳承發展。

二、《全書》收録文獻地域範圍，首先依據吉林省當前行政區劃，然後上溯至清代吉林將軍、寧古塔將軍所轄區域内的各類文獻。

三、《全書》收録文獻的時間範圍，分爲三個歷史時段，即一九一一年以前，一九一二至一九四九年，一九四九年以後。每個歷史時段的收録原則不同，即一九一一年以前的重要歷史文獻，收集要『全』；一九一二至一九四九年間的重要典籍文獻，收集要『精』；一九四九年以後的著述豐富多彩，收集要『精益求精』。

四、《全書》所收文獻以『吉林』爲核心，着重收録歷代吉林籍作者的代表性著述，流寓吉林的學人著述，以及其他以吉林爲研究對象的專門著述。

五、《全書》立足於已有文獻典籍的梳理、研究，不新編、新著、新創。出版方式是重印、重刻。

六、《全書》按收録文獻内容，分爲著述編、史料編、雜集編和特編四類。

著述編收録吉林籍官員、學者、文人的代表性著作，亦包括非吉林籍人士流寓吉林期間創作的著作。作品主要爲個人文集，如詩集、文集、詞集、書畫集等。

史料編以歷史時間爲軸，收録一九四九年以前的歷史檔案、史料、著述，包含吉林的考古、歷史、地理資料等；收録吉林歷代方志，包括省志、府縣志、專志、鄉村村約、碑銘格言、家訓家譜等。

雜集編收録關於吉林的政治、經濟、文化、教育、社會生活、人物典故、風物人情的著述。

特編收録就吉林特定選題而研究編著的特殊體例形式的著述。重點研究認定『滿鐵』文史研究資料和東北亞各民族不同語言文字的典籍等。關於特殊歷史時期，比如，東北淪陷時期日本人以日文編寫的『滿鐵』資料作爲專題進行研究，以書目形式留存，或進行數字化處理。開展對滿文、蒙古文，高句麗史、渤海史、遼金史的研究，對國外研究東北地區史和高句麗史、渤海史、遼金史的研究成果，先作爲資料留存。

七、《全書》出版形式以影印爲主，影印古籍的字體版式與文獻底本基本保持一致。

八、《全書》整體設計以正十六開開本爲主，對於部分特殊内容，如，考古資料等書籍采用一比一的比例還原呈現。

九、《全書》影印文獻每種均撰寫提要或出版説明，介紹作者生平、文獻内容、版本源流、文獻價值等情況。影印底本原有批校、題跋、印鑒等，均予保留。底本有漫漶不清或缺頁者，酌情予以配補。

十、《全書》所收文獻根據篇幅編排分册，篇幅適中者單獨成册，篇幅較大者分爲序號相連的若干册，篇幅較小者按類型相近或著作歸屬原則數種合編一册。數種文獻合編一册以及一種文獻分成若干册的，頁碼均單排。若一本書中收録兩種及以上的文獻，將設置目録。各册按所在各編下屬細類及全書編目順序編排序號，全書總序號則根據出版時間的先後順序排列。

吴大澂集 三

［清］吴大澂 撰

提要

本集收録吴大澂書札三種：

手稿本，據國家圖書館藏本影印。吴大澂與親友、同僚的往來書札一百四十封，計四百五十七頁，信中主要論及古物品鑒、金石考訂、邊防練兵、治理黄河、賑濟灾民以及家中事務等，是研究吴大澂生平事迹的重要資料，更是研究晚清金石學的珍貴史料。

《吴大澂書札》第一部分收録致叔父、堂弟等家書六封，并另附詩畫手卷六幅、印章十三枚以及其弟吴大衡寫給伯父的書信一封等。第二部分收録致徐熙信札十四封。第三部分收録致陳介祺、王懿榮、朱壽鏞、翁同龢、顧肇熙、吴承潞、晏安瀾、王頌蔚、陳金鍾、李鴻裔、日本駐扎海城縣陸路統兵大臣以及兄吴大根、弟吴大衡等親友書信七十七封。第四部分收録致楊秉信信札六封。第五部分收録致張之洞、陳臯、王懿榮等信札十一封。

《倦塵老人七十壽言集》摘録壽言集中吴大澂致王懿榮信札三封。

《吴客齋撫湘書牘稿》收録致張孝達、李鴻章、王介挺、翁同龢、德曉峰、邵筱邨、戴孝侯、張子虞、何象山、饒統領、常鎮道黄公和鎮江府王公以及總署等公務信函二十三封。

爲盡可能保存古籍底本原貌，本書做影印出版，因此，書中個别特定歷史背景下的作者觀點及表述内容，不代表編者的學術觀點和編纂原則。

目録

吴大澂書札……一
倦塵老人七十壽言集……四四一
吴窓齋撫湘書牘稿……四四七

吴大澂書札

古籍底本由國家圖書館提供

吴大澂山水册

附手札

守愚
雅三兩外父大人尊前：日前張荔邨兄回沙，忽忽未及作書。辰下敬維
起居萬福，定如下頌。茲啓者：前月往各處 祖塋祭掃，見壙灣
墳塋屋内。停柩甚多。因思族中未葬者。近房遠房。不下一二百棺。再
有寡居鄉間。一時未得還回者。恐數年之後。蹤跡絲不可考。茲待
光景寬裕。再爲籌辦。將來更難措手。擬與五外甥曉滄外甥再四商酌。
擬於五房祭田公賬内。每年借出一百千文。作爲辦葬之費。由姪蒂兄
弟出名。立一借票。每年一分起息。五年之後。連息一并歸償。再置公産。

即將此票存諸公賬。姪等兄弟數人。無論何人寬裕。皆可隨時歸款。約計現在祭田三百餘畝。除去開銷完糧。每年可得二百千文。春秋祭掃之費。不過用五六十千。其餘所剩之錢。各房分用。亦屬無幾。若置田產。亦不過一分生息。不如將此款作爲借項。以爲各房無力葬〔營〕之棺。每具約需五千文。則一百千文可葬二十棺。若均作五年。可葬一百餘棺而他日歸款之後。此項仍歸公賬。並未用散。以公款辦公事。而作爲私債。爲五房姊姪未免造一件大功德。如有　神明福佑。願與各房共受之。姪之鄙見如此。曾禀　三姊五姊曉滄姊符卿姊稚梅姊均以爲

然特行禀请

二三兆文大人前函示知，如亦以為可行，令各辦將九房各棺先行辦起。由記及遠，逐漸推廣，至師葉兆一輩，當無葬地。姪於謝堰嶺新得一地，風水亦尚可用。有此一欵，則各間便可舉辦矣。今年祭田仍托曉滄兆丁手經理，二百千之數，曉滄兆亦肯包辦。至祭掃之用及幫貼九房之費，尚有百千文，亦可敷用。未知吾兆以為然否。专此禀達，叩请

福安

姪大澂叩禀

四月廿九日燈下

琥卿本在家讀書甚屬認真唯姪俗事甚多無暇改文曾与顧子真姑夫說及琥卿來從伊看文最為妥洽文期亦不致間斷姪等得暇並可隨時討論也望　三姊作書示復為要　姪於月梢赴匡山六月初回家也

今為各房殯葬正用借到

石齋公名下五房公賬餘錢壹伯千文以週年一分起息

五年之後連利一并歸償另置公祭產立此存照

禁不敲甜語

兕熱讚主

同治五年　月　日立借契

○○○

○○○

守愚二姊丈大人尊前：八月中在申得晤雅三姊丈，詢悉起居多福，慰如所頌。姪因應敏齋觀察招至申江，耽擱十餘日即行歸里。三弟就川沙張冊甫之聘，刑錢兼辦，每年脩脯三百元，已於前月初八日往川。秋卿二弟因其無事在家，亦與三弟同去。彼處公事甚簡，得暇大可用功，與秋卿弟甚為有益也。姪於前月中創議留養江北災民，與馮、潘各紳設局城隍廟，竭力勸募，頗非易事计大口二十四文，小口十二文，留養一人每月需錢一千文（棉衣鞋費在内），現在多設十廠，領籌三千餘口，而各紳士所認不及千口，其餘二千餘口均請各業董事按業勸募，尚未議定，實因時世艱難，各行生意均無起色，雖係善舉，大半力不從心，蓋因身在局中，不得不勉力倡捐，認養二十口，每月亦須二十千文，此款只得轉募親友，集腋成裘矣。非如兄助以一臂，惠借一二十元，則功德實無量也。五妹與川沙沈氏聯姻，今冬即須回縣，吉期總在十二月内，妹夫歸韵

初己未科舉人現官中書今年由川沙還居蘇城租貰厚
卿姑夫之屋家計亦過得去此時拎辦喜事一切概從簡便
然門面鋪張日大一日開銷亦不容易屆時吾
妹如可回蘇最妙姬等於喜事多不熟悉深盼吾
妹來此商酌一切也砂皮巷王氏光景竟至一無所有飢寒交
迫現在三妹每日貼還一百五十文雅三妹名下每日還去百文三冬
貧病相連無着萬恨棉衣棉被等件三妹略為照料不致凍

死而已。雅三妹係骨肉至親，諒必格外體恤也。琉卿弟尚在崇

否？何時回沙？僕為兄今會舒秉妻林妹赴沙之便，手此禀達，敬請

福安。姪大澂叩禀。十月十五日燈下。

二叔父大人尊前 春初獻歲想
新祉駢臻 定如臆頌 今歲作事諒仍照舊 五弟與
潤之弟因春如文處不能附讀 現在從定殷子禾
先生在廟堂巷內 惟八弟只好仍從雅梅叔近處
別無可從之師也 總入春以來碌碌如常 所辦苗養
事宜 提於二月內辦理 資送此事可以了結 大約
三月中即圖北上 早日到京 庶可坐定用功半年

否則在家奔走徒形忙碌与自己工夫無益耳 二弟
仍赴川沙秋間再擬入都今秋鄉試廣額二十八
名務屬 琬卿弟加緊用功幸勿蹉跎時日是所
至要 萬蔭軒近欲退租俟有合宜租户當爲留
意也 茲乘二弟到沙之便肅此布達敬請
福安並請
三叔父大人安 姪大徵 正月廿一日
琬卿弟均此問好

慣遲作答愛書來 松茂室製

守愚二姊大人尊前 琬卿弟來蘇詢悉
起居多祜
動定臻綏允符孺頌 弟因在家歷碌鮮暇不能用功不
如在京之可以專壹 茲擬於本月十六日啓程北上約四
月間可以到京 大兄在滬晤見 三姊未識能否來蘇
一轉初十日 二嬸進宅一切均已收拾 琬卿大弟既已來
此自當强力用功數月應秋闈稍有把握今歲吾家
下場者八人不可謂不盛惟望諸君子奮力爭先須存

如得了心 姪在京華遠離佳音不知天台桂子為誰香也 各處 祖塋均已祭掃 謝堰嶺 晉昭公坟 傍水溝 已於前月内一律開深約有二里許 用江北難民五百數十工 須費五十八千文 族中湊集 僅得三十餘元 此溝通暢与吾家風水相關 泉源汩汩而來 闔族書共受之也 茲乘静安四姊赴沙之便 肅渤布達 即請

台安

姪大徵

三月初五日

守愚二舅父大人尊前十五日琬卿弟到三原接奉
惠函謹聆壹是藉稔
福躬康泰欣慰莫名 姪自孟冬接篆後忽忽部署數日
即於月杪出棚按試鳳翔旋又接考乾邠二州往来四
十餘日刻無暇晷閱卷而外一切公事不敢稍形疎忽
往往於覆試之日逐一与諸生勸勉教以孝弟忠信存
好心行好事做好人此等説話雖屬空譚而鄉閭樸
實之人易於感化安知無一二信從者 姪意有善必

獎有弊必懲當嚴者不得不嚴亦不肯一味從寬自問此缺淡薄三年費用未必有餘惟此地方公事隨處盡心積善勝於積錢此實無形之利所以孳孳為之而不倦者所愧親族朋友未能從豐資助寸心

至為抱歉明年節衣縮食自當畧為籌寄託大兄分致也 時卿弟如何用功縣府試約在何時均極系念

肅泐布復敏賀

年禧敬請

福安 姪大澂頓首 臘月廿一日

三姊作事暫停想已回蘇均此請 安不另

琬卿大弟如晤前託安保帶上一書諒早達
覽昨見吾
弟寄 五姊一書深以為異去歲與吾
弟所言曾記得一兩句否吾
弟在家只有 父母二人不可沖犯長輩則以 二伯父為最尊不可
沖犯大凡尊長管束子弟。無非要子弟學好。苟自己不無過差
何致尊長動氣 兄若有過為 二姊丈所責自當順受亦不
敢稍有不平之心若 二姊之待吾

弟何等要好 二姊之所以期望吾
弟者何等遠大此時亦有認真用功事事學好方足以慰 二姊之
心即使 二姊酒後訓誨猜責過嚴亦無不要吾
弟學好何必中心耿耿違背尊長之言干犯尊長之怒以 伯父
而管阿姪分所當然不為過也新正條忽又將過矣無日不望吾
弟來蘇久而不至深為系念月初曾薦一館因前途不能久待現
已另請他人以後有無館地亦難預必吾
弟不肯來蘇兄亦不能相強如果以兄言為然到蘇之後即可住在

双林故里和卿就館在外米菴現在張室聚徒數人亦可坐定用功
兄處中間（上房）安置一榻之地亦屬易事否
弟不嫌苦飯增多添筯百兩餐無容客氣因亦姊坐館退居里
彼處房屋不甚寬展耳如有館地即為推薦吾
弟之事即兄之事無不留意也至常樂鎮作務一切自當整頓
二姊丈閱歷世故三十餘年調度各友自有權衡俟　三姊回沙與
二姊面商辦理自有一番振作　二姊之意如此　三姊之意亦如此
若吾

弟只管讀書，不必更管他事，作務生意自當置之不問，最爲
妥當。如三弟要吾
弟經管作事，再去經管未爲晚也。兄與諸弟視同手足，無一不關
切，無一不期望，所以不憚煩言，爲吾
弟再三諄囑。吾
弟素信兄言，當不以爲迂遠。朋友規過，尚須以直道行之，況兄與吾
弟至相親愛，至相投契，敢不一盡其忠告乎。手此布達，即頌
文祺。不盡欲言。

兄大澂頓首

正月廿七日

二伯父大人首前一別
茲頹已經兩載敬維
福躬康泰為祝　姪自上年秋間就館川沙今夏旋里
度過六月攜秋濃之都　大哥之晋　均於四月內進京
到後已有信來足紓
遠念　作中生意諒能勝常　所有湯家鎮房屋租錢
擬懇便間
飭人催取寄下　因十培卿出門後家中用度每有不寡　此

款不能不核用也。諸事多費

清神，不安之至。如棠

寄下或買少都仟左右，三五百價即於租金內扣出。此

伯祖母購買之物，并祈

代辦，尤荷。此肅，敬請

萬安。姪大衡頓

吳門西山秀絶
天成寫此聊以
寄意

倪迂用筆有
凝靜之氣特
臨之以收我放
心耳 愙翁

倣黄隺山樵
筆意
愙齋叟

昨獲香光
畫冊於市
用筆生動
因照臨之
未識能得
一二否

昔撫粵時香山一帶山頭如雲
計今十載猶耿耿於心 愙齋

庚寅正月
偕養泉老
人生鄧尉
觀梅歸而
圖之玉合猶
憶之予衷
吴大澂

光緒乙巳九月之望

翰卿五兄出示獲觀

感蘤居士

斗盧吾兄世大人閣下元
宵後一日卓臣訥士來湘奉
書欣慰但悵延音之不至
塵〻〻東公不樂耳承

惠宋押丁紐難得之品夏
朋谷竹册南雅先生親見
其揮翰歎爲數百年
來所希有又爲桂舲書

舊物洵可寶貴，感感謝謝。寄示石田卷軸，弟所心慕手追者，留之案頭，可為師法。其價交納士帶繳。張鑪白銅鑪合計十金，并帶奉石谷、新羅冊，悉心愛，力有不逮，只可割愛矣。鶴一兄寄來五鉢，謹已領到。

故輒瀆于奴兩玉印乞
轉交之撿雲所需信函隨
後即寄手復希謝惟
起居珍重千千萬萬弟大澂頓首
去冬所墊百金並交納士弟上乞鑒收
正月廿六日

斗廬主人如晤：前函復圅
已交納士帶呈。茲檢得新收
古鉢有「敬上」二字，漢泥印有「長
宜」二字，皆古人之閒章，可據信
上用之，聊以伴圅也。晒存。再請
台安。弟大澂頓首。六月初七日
泥印往往有偽刻，似此文字真漢印也。

鶴一兄所索澂藏三玉印可謂賞識有真寄示古鉨五紐無一不精弟亦喜之割愛相易可成一段佳話無如舊藏三十玉印裒成一匣趙賢在澂齋日久有依依不忍去之意他日或有續得玉印以新補舊再當割贈也弟又啟

斗廬五兄閣下前
復寸緘并寄百金
想已達到弟所用之廠

年餘角甚多家中
尚有存者己
告訥士一檢奉贈

配藥尚仍力也雲臺

清恙霍然否念念敬問

起居不宣　弟大澂頓首

癸巳臘八日

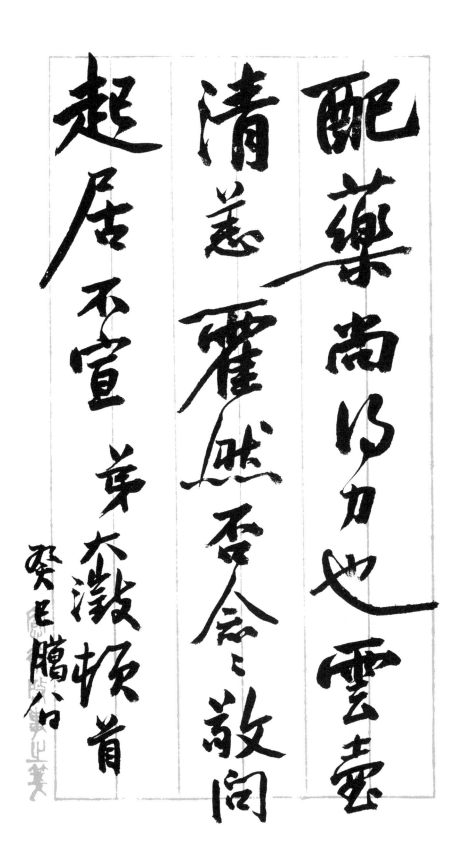

家中舊存鹿角乙

檢贈斗廬配藥用之

納士覽 愙齋手泐

晴谷

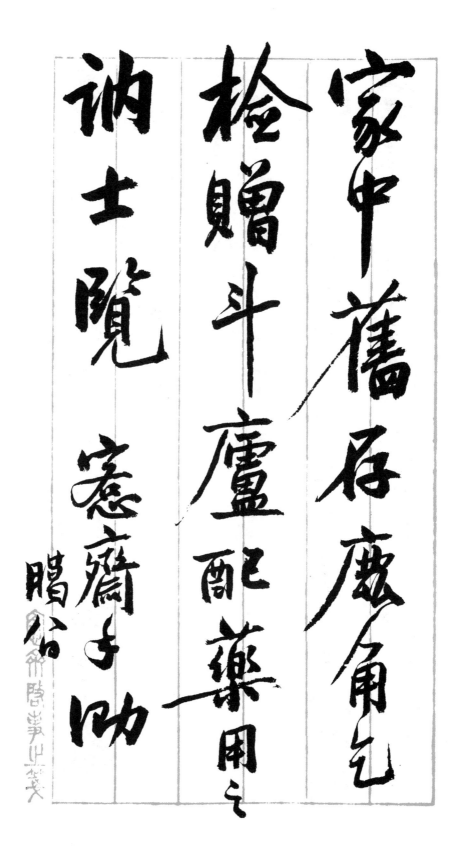

斗廬主人如手此間勞宅舊
藏洋煙第得貨十三太保一瓶為
看五瓶力不能購棄之可惜請
閣下一為品題可留則留之否即頌
台祺 弟大澂頓首 四月初十日

含緗師圖之約鄙人面與訂定，不欲失信於友人也。吾兄乃暇亦可同往，或再索其藏畫一觀，以資眼福。漢量乞交來役帶下為感。

斗廬主人覽

弟制大澂頓首

新正九日

九龍卷已領到

翰卿五兄世大人閣下：新正三日，湘帆輪船到湘，接誦十月二十日手書并扇面冊、戴文節冊均已領到，種費清神，至感。若波皖事將畢，昨已函照仲帥代邀至湘，酌帶三四人赴幫辦湘省輿圖事宜，未知六月中能抵湘否。三月閱操至衡山，大可同游。敬頌春祺，不具。弟大澂頓首。正月廿五日

斗廬五兄世大人閣下：初九日四署
接誦六月廿五日
手書，知雲壺已有歸志，不能遠遊，
殊深悵惘。嶽麓卷、扇冊、九龍山人
臨本均已收到，費
神。又函周氏古鉥印，不聞有專售
之意，未便與之啓齒。路文貞字卷恐

香帥素不肯出價，每遇書畫在百金以外者不敢還價，但留之案頭展玩而已。恐一寄去，未易索還，亦不付值。請令經手人爲難收交硯庭帶去完

察收。弟亦無力購書畫矣。手復，敬頌

台祺。弟大澂頓首　三月十吉

明日出省，偕廉夫游衡山，必有圖詠也。

斗廬主人閣下郝弁田
湘奉到四月杪
手書藉悉一一
代購白玉方尊一器宣鑪
三座雕漆盤盒四件均已

領到計值二百零六兩又前
扇面冊先繳畫兩幅託
念劬帶滬轉寄乞
察收大片金一鑪茶老云係
竹垞公翁遺製因留以自玩矣

又承

惠寄錦袋兩隻蝦子鲞兩

匣玫瑰露兩瓶西法汽蒸其味最厚謹領

謝謝雲壺心蘭鶴一三君子研

贈畫幅並皆佳妙感何可

言鶴兄又以老遲芝仙祝壽圖
見貽，兹先
道謝，暇時當作書報之。手
復敬問
起居不莊。弟大澂頓首　五月十三日
玉押疑舊印後刻，宋押仿古以篆書，少似不相稱也。奉繳。

從前所得行刻爾擱今以九件配入
首品匯面多刻小傳數行惟陳小蓮
不知其名此地無書可檢又吳松字友棋
亦不知何許人嘉定縣志書無其人名
代詢鶴之及次侯如有可攷
畀示數行文作局寄湘函以為感
為檢雲說項一信四月初寄浙　愙齋又川

斗廬主人如手前託念劬帶去
一緘並銀三百零六兩想已達
覽廿晉接誦初十日
手書承
示鼻煙各種名色甚多弟所得有

蘋果味酸香味間有帶韃味者第
不能辨其等差但覺原瓶堅結
異常香味甚厚者恐係僞品又有一種
過於潮潤而瓶口不甚結實者恐有做
手然甘味頗類蘋果香第甚愛之留以自

用以最佳者四瓶寄与吴碩卿矣彭世兄回揚後何以託帶之煙尚未寄到一時忘其揚城住址竟就近由信局寄与一信屬其即交信局寄蘇無極妥當也（菊初處必知其住址）碩卿送我小金花之瓶念渠以

為上品 據云每瓶須五十元 弟嫌其太淡味雖正而不足解渴慣聞佳煙稍次者不能聞矣

玉器已配是否須再購菱花式沙壺

文蔚歲長寄下為感 輪船信局寄物亦便 乞復即請

台安 弟大澂頓首 五月廿八日

近得藍料八角式瓶不透亮者其煙帶紅色味較小金花尤勝

斗盧主人如晤前接
手書承
示鼻煙近來作偽者甚多其大瓶本
覺可疑第愛其味厚有蘋果味僅購
兩瓶因舊藏之煙皆乾燥以此界對少
許味不惡而亦不乾究竟洋人不知有何
妙法決非洋醋也三角瓶真陳煙凡堅
結不可動者必非重裝且其味究與新煙

不同。曾寄一瓶與碩卿者三角。想廣東必有識者，弟於金石書畫古玉鑒別不爽，獨於鼻煙向不深考，故不敢自信也。今年得佳煙甚多，價色黑而潮者僅購兩瓶，其餘皆深黄而堅結不易遇，其味甚淡亦不貴，小者三瓶，每瓶十二元，可售畢，竟勝於元妙觀前所賣之新煙也。頃接五月朔手書，承示吳松陳小蓮傳果感感，手復敬請台安。弟大澂頓首　六月廿八日

前欠之款，八月初再寄回。鄉試送卷，現需鉅款耳。

斗盧五兄世大人閣下前月中
接誦
手書適家兄先一日解維是以九
龍山人卷不及帶回又不敢交信局
轉寄茲有差弁管帶淺水輪船
之便屬其到蘇賫送敝廬由訥士

精文乞詧收，其款知已交与讷士代存矣。弟到湘四十餘日，忙碌異常，每日偷閒手臨孟端長卷，半月始竣，頗覺費力。以後作畫竟無暇晷，所謂一行作吏，此事遂廢也。臨本乞

代付欣賞齋裱池并有扇面十
七頁樣子一頁務屬其細心精裱為
戰前在滬上携回扇面如已裱成
即交江玉懷帶湘此次予臨孟端一卷
望之云
兄代購舊錦包首價由訥士墊給

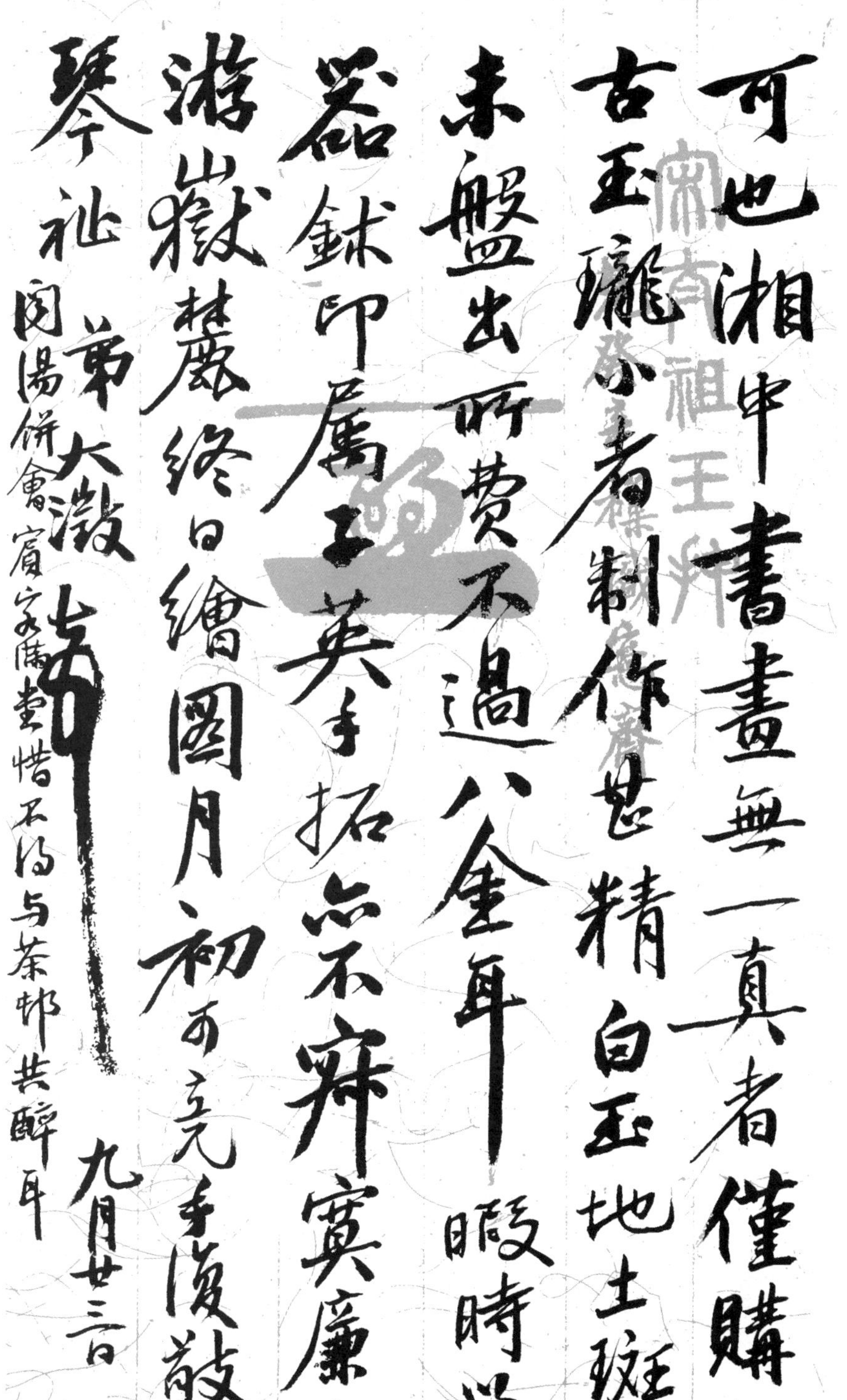

可也。湘中書畫無一真者，僅購得
古玉瓏尔者，制作甚精，白玉地土斑，為
未盤出，所費不過八金耳。暇時以古
器鉢印屬工英手拓，亦不寂寞。廉夫
游嶽麓，終日繪圖，月初可竟。手復，敬頌
琴祉。
弟大澂頓首 九月廿三日
閱湯餅會，賓客滿堂，惜不得與茶邨共醉耳。

斗廬五兄世大人閣下：昨厚甫囘湘，帶到重陽日手書，欣悉玉體違龢，已占勿藥，正以爲慰。經此一番病痛，務須隨時加意調攝。弟有兩言奉贈：少用心，少說話。

寒煖飲食亦須處處留心弟以病軀承乏湘郡得以從容臥治元氣漸復皆調養之功也承代購戴扇沈畫並皆佳妙其值四十四元寄交納士姪轉繳手復敬請頤安千萬葆重　弟大澂頓首　十月初三日

斗盧五兄世大人閣下：前月文湘帆輪船管駕江玉懷帶去九龍山人卷及臨本扇面，已未知鑒及否？如有寄弟之件，即可交江升帶湘，甚便。即頌台祺。弟大澂頓首。十月初□。

欣賞齋前裱扇面屏幅照來樣切齊，即可帶來；續裱者隨寄可也。

斗廬五兄大人閣下十四日森卿
到湘接展
手書并帶到石田卷石谷軸册兩
華新羅之軸皆愜心貴當之品計
值三百二元合銀弍百兩之譜兹先

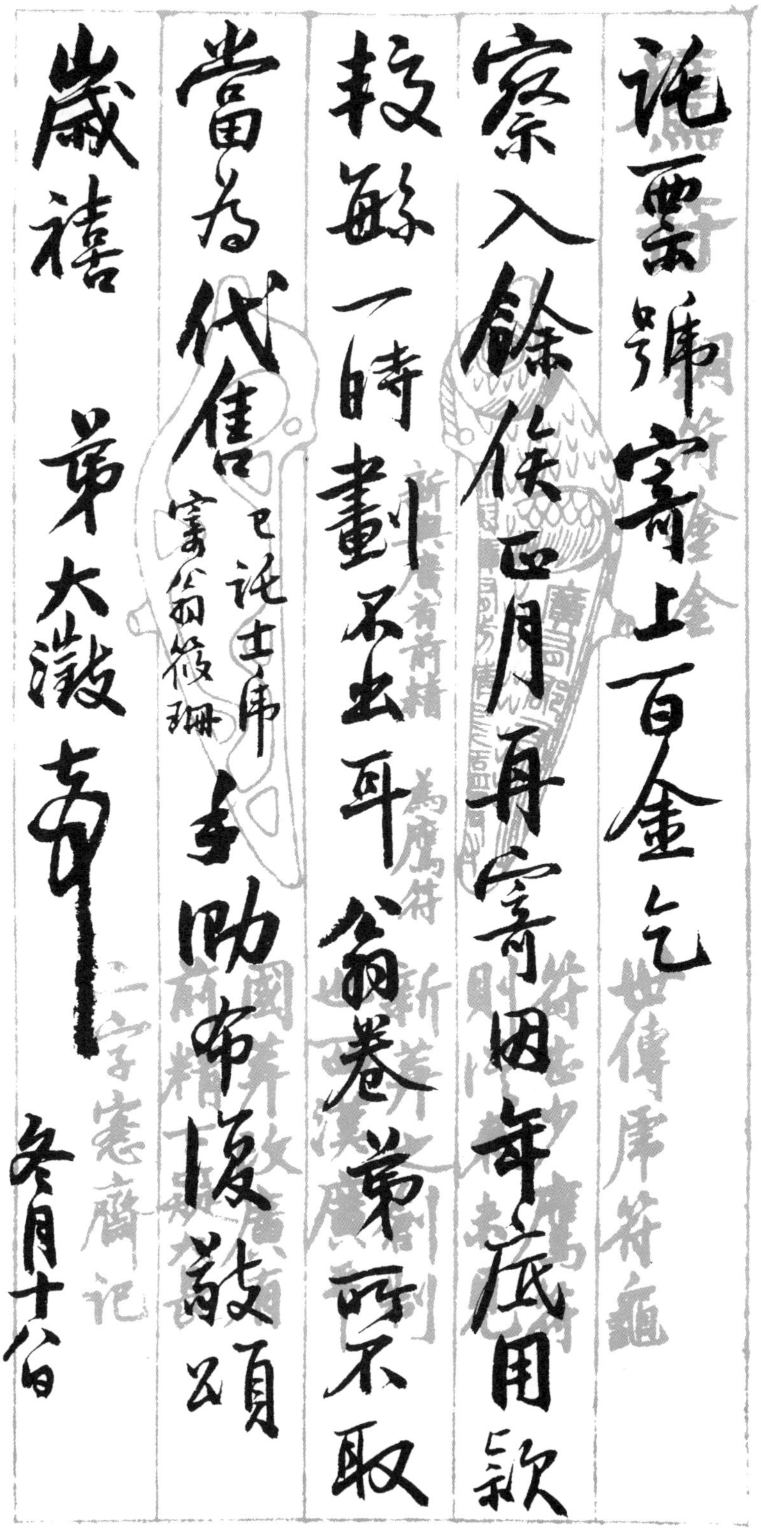

託雲歸寄上百金乞
察入餘俟正月再寄因年底用款
稍鬆一時劃不出耳　翁卷弟所不敢
當為代售（已託士虎寄翁筱珊）手助布復敬頌
歲禧　弟大澂頓首
冬月十八日

三三五七。

簠齋老前輩大人閣下：今晤開運兄到，武
奉到
手示，知前寄數纖均已
鑒及。承
寄古匋拓四百十二紙，泥封拓五百九紙，中多異
品，地名、官名有之，亦可攷證者，謹編目錄，考一一，就
正。泥封彙為一集，可補古官印攷所不及，實古
今金石家所罕見至寶々々，甚々！齋刀化范

拓乞於
加印後專足寄示寄費由此付給大澂不收古
泉而於刀幣古圜泉好之甚篤爲其文字皆
足取證三代古文秦權所集字皆甚寶貴
也伯寅師曾寄匋拓僅數十紙拓手極劣幾
乎不能辨別六七字新異者秦量人攜來一鉼一
平二敦鉼出延安敦出南陽皆新坑未剔色澤
爛然拓奉

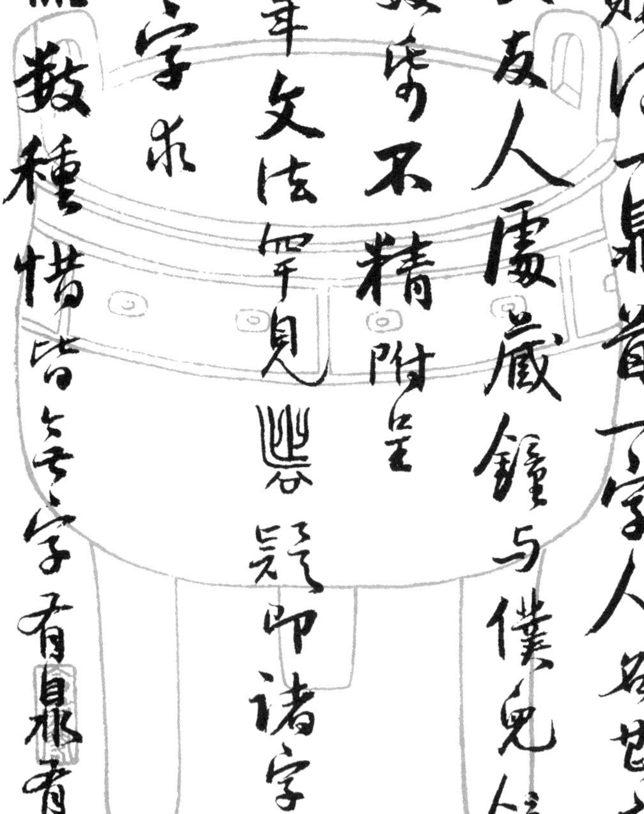

七月初旬在大梁購得一鼎首一字人名甚奇疑即徵之異體又友人處藏鐘與僕見鐘相類遺僕往拓數紙不精附呈鑒定隹戊十有九年文法罕見[illegible]疑即諸字省為水旁弓或即汎字耶敦之又得漢瓦器數種惜皆無字有鼎有奩有鍾有類羽觴有極大者其形如可異也

案定敦段當作人名是鄀是牧不可定山
字甚異細諦銅質豈是缺畫必非之字耶
敎之民𠂤止氏千与伯寅師藏爵同文聿
當是書冊之器貝印錫貝又見且乙敦拓本有
告田二字与
尊藏一觶同此聞中故家物器尚未得拓墨
不工藉呈
改正俟購到再行精拓寄

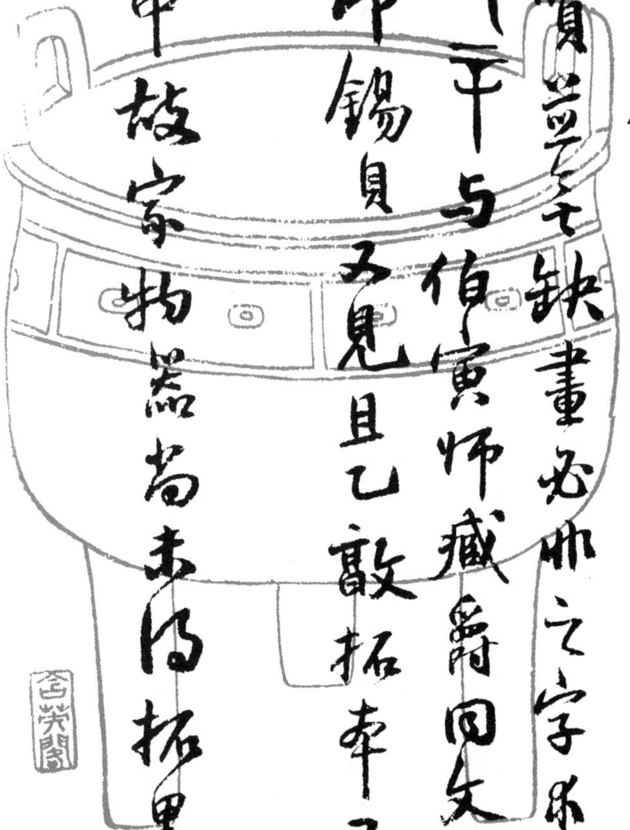

上近得瓦器數種皆有字摹刻古陶文及秦
始皇詔于上拓呈
一笑擬每器刻數字編列次第約有四十餘
器後得視舍或亦以有文為貴不致棄之如瓦
礫矣閑中出一器友人招以見示據云字內有
青綠斷非偽刻已為購得尚未寄來疑為盛
矣之器當或即甫字手復敬請
箸安不具　晚大澂頓首
十月廿五日

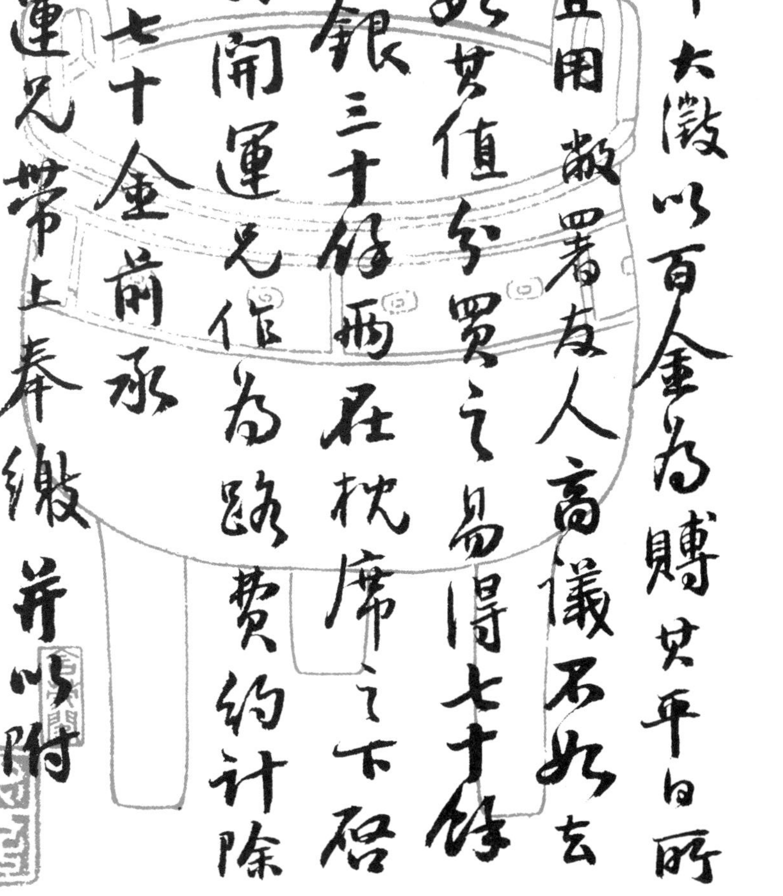

子振兄靈櫬東歸，大澂以百金為賻。其平日所製衣服亦鄉里所宜用，敝署友人高儀不如去衣易銀之實在不如其值，於買之易得七十餘金。子振兄尚有存銀三十餘兩在枕席之下，啟被時始見之，一并交開運兄作為路費。約計除去車價尚可餘百六七十金。前承代給十金，並交開運兄帶上奉繳。并以附聞。大澂再啟

七〇二六三

廉生仁弟太史閣下前接
来電茫然不解詢之達公亦未奉到
尊函達公謂西僧与
執事舊交當知其源委也近日無所見
聞吳中寄来鼎拓簠蓋拓二紙文甚
新坿呈

雅鑒𪊨或釋鄧𨟻疑即邊字異
文請
釋之新刻石鼓文縮臨本藉博
一笑如有所見乞
惠拓墨爲我手勘散頌
侍福 如兄大澂頓首 臘月望

廉生仁弟大人閣下重陽寄上又識并官印攷二部十四續寰一部又攷伯羲一書計均鑒及王益吾前輩校刻水經

注畢加翻閱，服其校勘精審。代覓一部，交解餉委員帶呈，想必先覩爲快也。手此，敬問起居，不宣。如兄大澂頓首

長沙府學有淳化鐵槎，已訪得之，俟再拓寄。九月廿六

廉生仁弟大人如手：前交楊弁帶去各函並集古官印攷，又交緯銅委員帶呈水經注一部，未知何時可到。何詩孫舍人以所藏九字古鉥來易敝藏王麓臺司農巨幛，詩孫愛畫之癖甚深，尤專力於司農。兄以玉畫之精者，經其選擇，兩得其所寶。呈拓本一帋，乞以一分持贈伯芳同年。湘中結此古緣，亦不負此行矣。手此，敬問起居，不宣。姻兄大澂頓首。十月二十日曼伯仁兄大人閣下昨見少庭致葆田信知滎工金門一段甚為喫重當日鄭及拆去石壩為致病之根人人知之舊民辦理大工節省經費不少何以此段石壩並未補還所費不過二三萬金如此

要工不辦何所謂善後事宜第所以不甚佩服也此次總須在金門口上首相度地勢添築石壩如石壩一時接濟不及竊思一救急之法聯船攩溜溜勢或可稍鬆捨此別無良法若再因循坐視

不理貽誤匪淺也 澂處舊僚有袁
訓導大化陳牧麟璽向來辦事認
真擬由總局札委即日分赴濟源
鞏縣採辦山石當可迅速 已告知馮
守矣另帋奉 閱手叩敬請
台安 弟大澂頓首
九月初七日卯刻

匹封函間接展
手書詳悉一一紫汛隄身已潰裂
三丈有奇情形甚屬危險弟即
刻西渡面商一切也再頌
勛祺 弟大澂再拜

吴清卿先生尺牍

共計四拾頁

廉生仁弟大人閣下兩月未通音
問敬維
履端集祜
潭府凝釐爲頌無量兄於冬
至前七日得一白玉琯一面微帶黄暈以所定

周尺度之適得尺有二寸与兩大圭兩大璧一大琮之尺有二寸者毫釐不爽以黑秬黍（即高粱）大小適中者盛之實容千二百黍其為黃鍾律琯無疑然与班志及周禮鄭

注黄鍾九寸之説竟不相符迺知鄭襲班説班襲劉歆之説所謂三分損一三分益一者皆歆之臆説歆實未見古樂器也以理度之十二律以十二寸爲度一寸可容百黍

十二寸容千二百黍適符十二辰之天
數如此秦漢以前古書中覓一證據
可以翻此大案吾
弟讀書得間如有與鄙說相
近似者乞

示一二以開茅塞王西泉来此三日
矣挾古鉢古布各數十皆索重
值鉢固可愛價則相去太遠恐不
能成交渠不知甘丹大陰緐氏蒲大布
數處已得三四十價極廉尚欲居為奇

貨亦殊可笑不能遂其所欲必怏怏而去吾弟聞之必大樂矣饋歲詩三十韻託康民轉呈乞哂存手肅敬賀歲禧不盡 如兄吳大澂

伯母大人前叩 禧請 安 臘月初三日

廉生仁弟大人閣下：前日摺弁帶回冬月廿吉、臘月八日手書二緘，承惠地節鼎銘、萬石圜幣拓二種，至歎至歎。何古幣之屢出不窮，後

人所見富於前輩不可無續
泉滙之續刻以彙存之
屬寄仲貽書須已逓去黄小松
嵩洛訪碑圖廿四開倪豹翁曽
見之夢想已久如可得之亦欠

字緣世大人合龍後二十拜摺

忙碌萬狀日內料理畢者新

年可拓多器寄呈隨意無

拓就者怱怱不及多述手復敬賀

歲禧 如兄大澂頓首 嘉平月廿日

伯母大人前叩 禧請安

楊賓齋來此住十日，僅携五銖范、永受嘉福全瓦（全身完易得）及漢印數事，明白將田秦西蒲城所出《隋志》，已得一紙，絕無僅有之品也。孫田子入都携古器無數，有所得否？

廉生仁弟大人閣下：昨晚摺弁回汴，奉到初六日手書，屬寄仲飴太守書，今日即為遞去。須知仲飴調補開封，將來到任後，省中多一金石交丁少山同來更不寐寘捃古錄之刻凡亦可贊成其事也前月下旬因病得閒將生平所見周秦漢唐古刻追憶舊游擬畫訪碑圖三十二幅每圖一幅附書游記一

頁約可湊成六十四頁小松司馬石
蹟既不可得一見竊不自量仿而
行之欲與錢唐抗衡未免好勝
之心然不好勝則不能成此鉅觀附
呈題目一紙不無襍湊之病而搜遺

所至止於此數亦頗有作繭自困之
勢但用此一番苦功其中亦有樂
趣敝帚自享可博
一笑古玉圖攷已付石印重陽前
必可寄到何伯瑜所打印本

及簠齋手定稿本雖已取到，尚未分卷，此事亦極瑣屑繁重，斷不能假手它人，僅將官印抄一目録，古鉨目尚未抄齊，俟編訂成本再行寄

覽特小搨羞所能帶耳平璋
確係三代物周制既有三尺大圭
亦或有三尺大璋（大圭不可得見 世間未必無其物）似小勝
斷漢鉅鏤乞
示拓本（此韓古琴今所得 何以忽至都門）敬請
台安 如兄大澂頓首
八月十四

廉生仁弟大人閣下：七月初六日得六月廿七日手書，日盻星使出詞曹，而不得消息，令人愁悶成疾，發肝胃氣古

不得歛食病中題古玉璋

一幅手僅未能工書豳風六幅乃

未病時所書文擇善帶呈乞

正之　昨見四圭有邸一玉琢成者

器不大而制甚奇尚未議定　手復敬請

台安

如兄大鑒　弟

七月廿四日病

大疏見邸鈔中煌煌大文也佩甚佩甚

腕不能多作字

廉生仁弟大人閣下十二日摺弁
田豫帶到初四
手書並張佶所寄玉鉢玉印小節
墨刀圜足閔字幣　尖足閔字幣二一缺足
尖足大陰幣一　甘丹幣八　雖尖足閔字

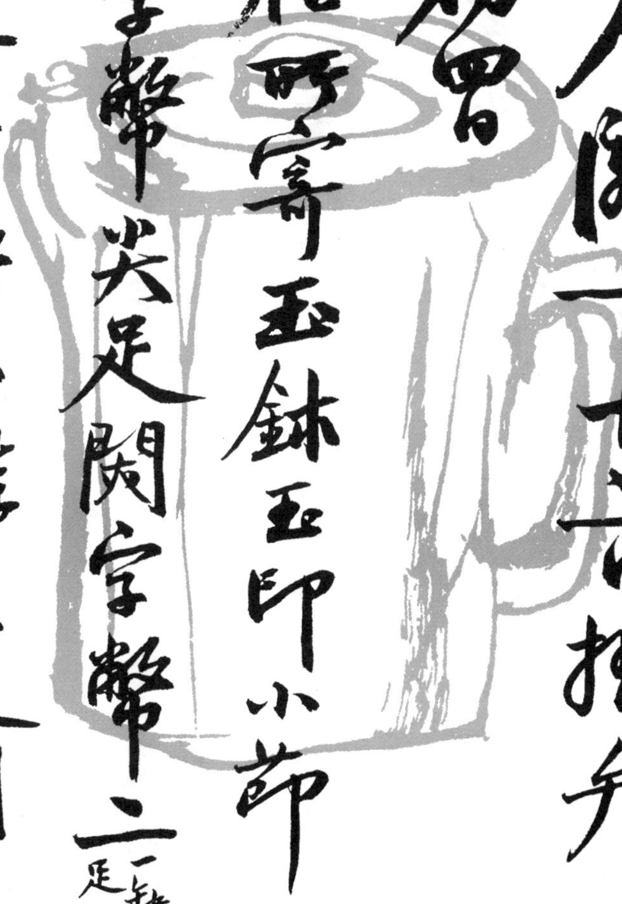

大陰敝藏所長餘皆重者然不肯
寄還裝估爲鄭堪師放價收鐘
之意莊屬票莊滙去京松一百八十兩已
轉交之以後屬其專收鉢印兄於古
泉好之不篤也手復敬請

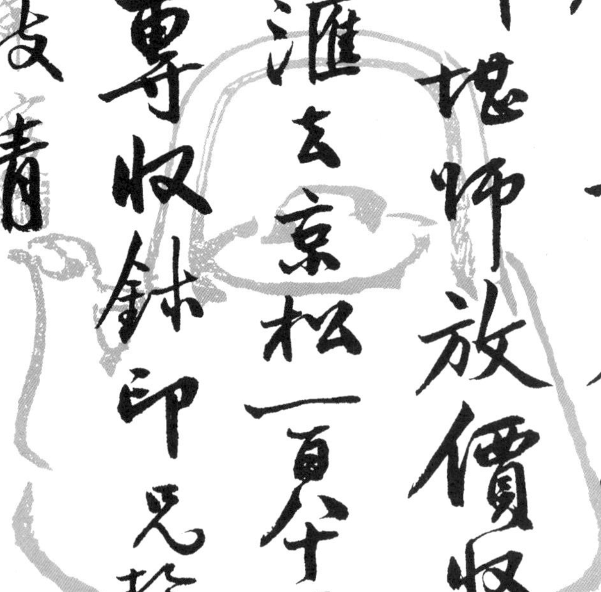

軺安此信到京正晉豫典試揭曉之時極盼使星臨汴與運齋同行尤為一時佳話也臨潁無任翹企之至

如兄大澂頓首

十月既望

廉生仁弟太史大人閣下臘月廿三日摺差帶回十三日手書猥以區區椒酒之獻重荷齒芬益增愧悚承惠隋蔡君夫人墓志精拓二紙感之

謝謝此石必係邯鄲出土近接豫
境而不亟拓甚為可惜然鄙人近年
所獲石刻亦不少矣歲晚新得唐石
二方四邊皆刻十二辰畫洛陽出土於
無意中得之拓奉

鑒賞前農儀卿購与先屬秦詔
殘字刻石據西泉云實非僞造係
其屬鄉人從澗水中拾得字爲水
衝平漫而光滑得者僅出千文後
鄉人知其字古又索扛力數百文當時

尚有一紐遷移時泐去細審石理
半紐隱約可辨當係秦時民間所
用之石權重今庫平三十五斤以銅
石權較之輕十九斤則石之上端泐
去不少矣西泉所挾大小古鉢四十餘

官私印九十餘惟玉古鉢白玉兩面印尚佳餘皆零星小品銅石造像殘字數種均已乃之暇當一一拓寄也黃鐘律琯攷三篇乞教之手復敬頌

新祉

如兄大徽

弟

拙畫望後寄呈 倪鷗翁丁少山之絹已交去

庚寅人日

近接電報 家母患病甚重五內焦
灼現在奏請
賞假一月當蒙
俞允如 母病就痊閏二月即回本任所
屬畫幅 豹翁已先繳卷 拙作月內亦必
寄上也 匆匆不多及 大澂再拜

廉生仁弟大人閣下十二月
初五日摺差帶回
手復並跋仲飴一緘適
仲飴在省即日送交並索

其復函附上乞察入徐翰卿自吳來汴下代購吉金十餘事以方鼎為最四面皆作象形兩耳長

出文互疑象兼、蓋有
提者与尋常貞器迥乎不
同又得一玉古鉢極大係南
潯顧子嘉舊藏據云關中

出土時有古玉人 時出一石

鐔中色澤皆同俗謂之

石灰浸着一字[illegible]疑即宗婦

敦敦[illegible]字[illegible]當即將下二

字不可識銅八尚有
數鈕鉦鉢如此之大真是有
一無二之品子嘉獲之十數
年而先竟不知今翰卿以者

女彝易之兩石

不憙處

可爲十六金符齋印存之

冠亞拓二紙奉贈又一紙乞

轉贈伯羲共賞之並寄

上奇字鐘拓一上　又拓二

匜拓二觶拓一爵拓三瓦券

拓一包　鑒存手泐敬問

起居不宣　如兄大澂頓

二月廿二日

所需之件板書　尚未
刷印後寄上

康生仁弟大人如手十月廿八日摺并函
湘帶到
手書寄還集古官印攷證謝
尊藏各印甚精允於冊內一一注明某某
所藏他日有可攷證近日摹刻黃楊木印
頗有可亂真但須手自鈎摹每日公餘

之暇只能鈎三四方第冊已補齊寄奉
一覽隨刻隨打不甚費力又冊乞
精文伯羲將來陸續寄去仍將前次
所寄未補之本擲還爲要
弟如有所見隨手補入究竟原印勝於
摹印耳摹印總落自家模樣望勿知

為丁年所篆兄竭力蒐換搜羅名家印
譜內原有之印影摹付刻神氣較之
蓋瞿氏原本皆係油素鈎出草草不但
存大畧而已明正海道可通再交摺差帶
上兵部承
示藏印目已屬胡子英之姪抄出一分

擬先付刊名十家官印藏目：趙凡夫印譜、無名氏舊印譜、陳簠齋印舉、福山王氏、閩縣陳氏、歸安吴氏、道州何氏、元和顧氏、共墨齋印譜、十六金符齋印存。擬以古官鈢冠其首，泥封附其後，聊備攷古家之披閱。若欲續成官印攷，恐無此精力矣。高翰生印譜可取者甚多，奈力有不逮，只好挑取數十紐，約百餘金之費。春初寫妥再

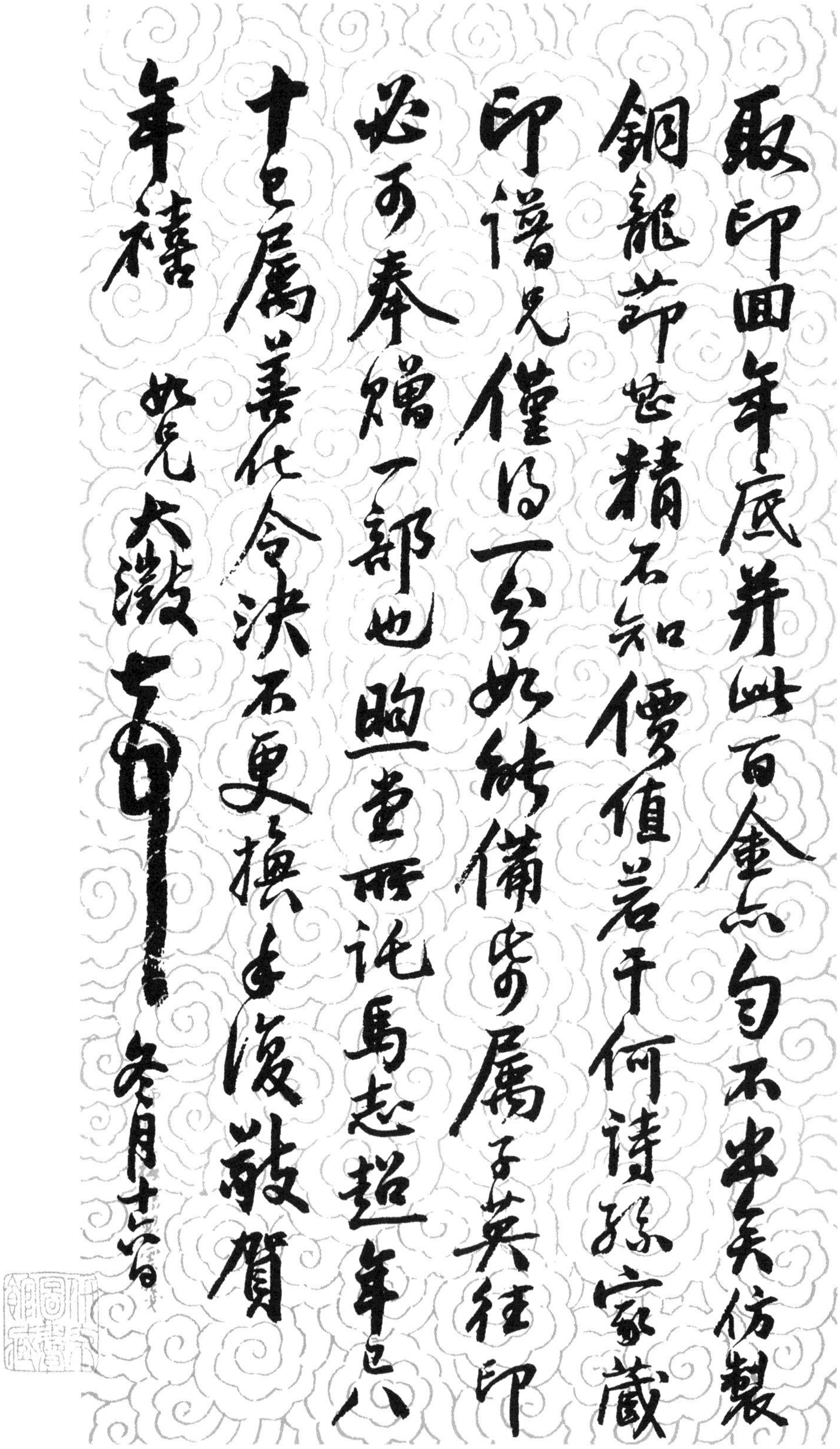

取印四年底并此百金亦自不出矣仿製銅龍節甚精不知價值若干何時孫家藏印譜兄僅得下分如能備齊屬子英往印必可奉贈一部也昫與豐所托馬志超年已八十已屬善化令決不更換手復敬賀年禧 如兄大澂頓首 冬月十六日

八八一九〇 二册

大兄大人如晤前月交念劬帶去一緘想鑒及矣弟於十七日至樂廣居四里坨在城南三十里名營駐紮之地相去不過三里此間口門易守洋人即以小艇渡兵上岸我軍以礮火擊之可操必勝之券朝廷因滇桂軍事不利疑北洋未必可恃

政府慌張毫無定見 合肥本不欲戰遂
有魏絳和戎之言 殊屬可笑可恥亦可
歎也今夏無事或可以閒看書武備
不必講求即有戚元敬亦置之高閣耳
丹老在樞府孝達幼樵在譯署運籌者
不久間專此敬請
福安 弟大澂頓首
四月十日

大兄大人尊前 重陽郵寄一緘計已早達
左右 十八日在鐵嶺和途次接奉八月
廿日
手書敬悉一一 弟於十七日由吉啓程二
十抵瀋陽 廿五即來營口因渭雲輪船
已調赴煙台 此間商輪萬無赴津之便

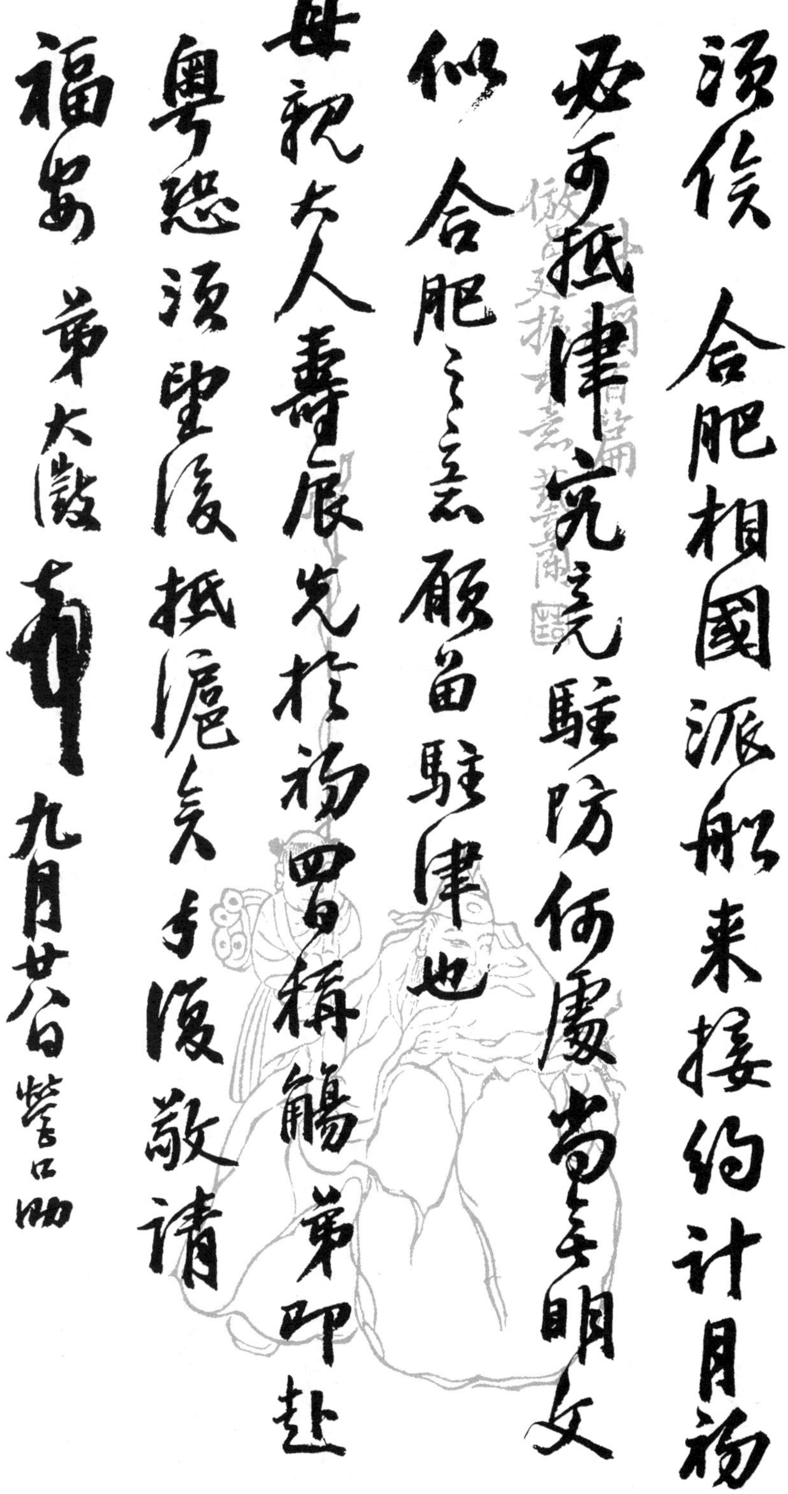

須俟
合肥相國派船來接，約計月初
必可抵津。究竟駐防何處，當于明文
似。合肥之意，願留駐津也。
母親大人壽辰先於初四日稱觴。弟即赴
粵，恐須望後抵滬矣。專復，敬請
福安。弟大澂頓首。九月廿六日燈下

大兄大人
尊前四月二十日在三岔口附弟一
緘就近寄至海參崴轉寄上海當可速達
旋於廿七日回至塔城節前清理積牘及各省
賀信未暇作書初四日接奉四月四日
手書知前寄隆慶菴記已經
收到蔘枝可易重價今秋出山時當再覓購
數兩但大枝未可必得耳廉宅冰人宋伟度太

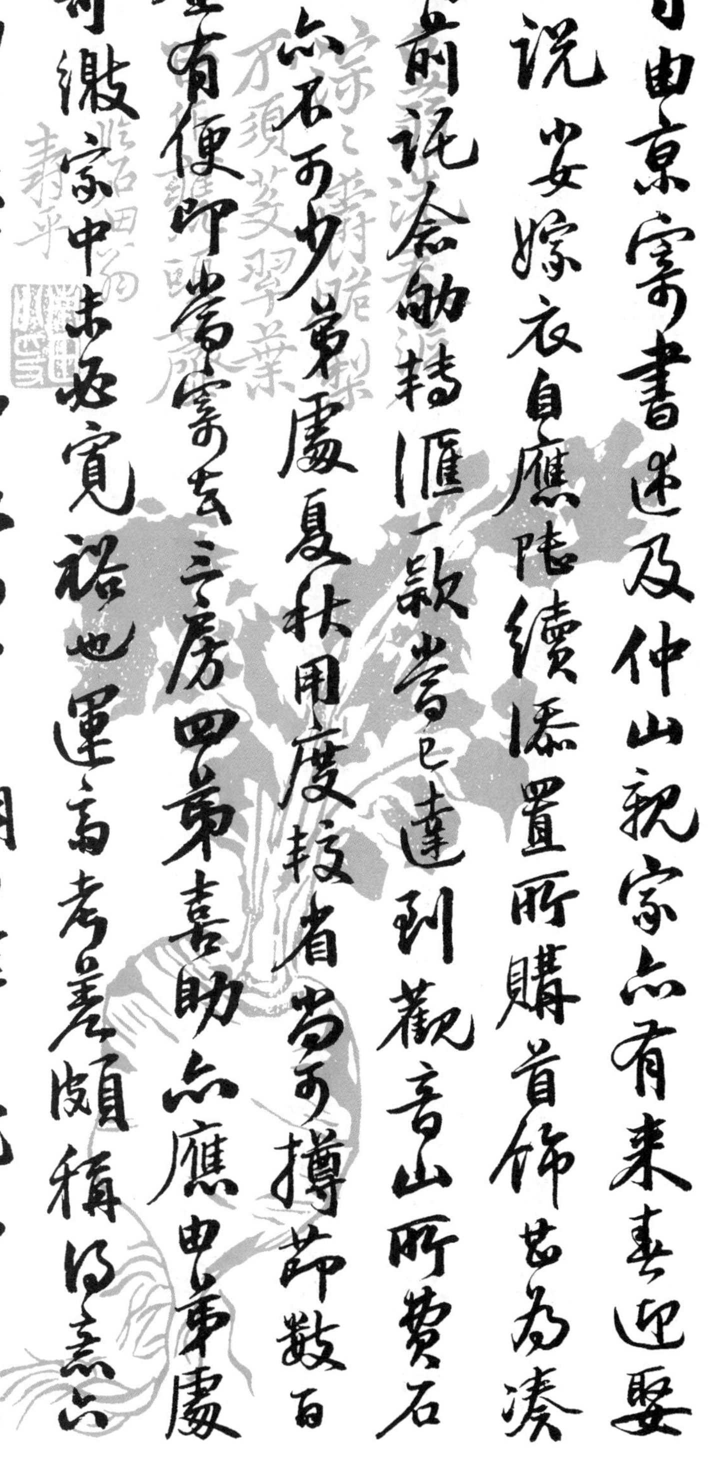

守由京寄書述及仲山親家亦有來書迎娶之說安嫁衣自應陸續添置所購首飾甚爲湊巧前託合肥精匯一款嘗已達到觀音山所費石工亦不可少第處處夏秋用度較省可撙節數百金有便即當寄去三房四弟喜助亦應由弟處寄繳家中未必寬裕也運高壽甚頤積得意亦七兩月大有可望如得八月朔白佳音尤爲可喜

今冬為吾
兄五十正壽，並為
母親慶九，此間各營各局聞有公送壽幛，先
期寄南，他禮則一概不受也。偉如仍缺而早
潛泉進京，其家事無人支持，亦極苦事。海帆尚
未到東。恒興生意不可崇。俄界往來不便。手覆，敬請
福安。弟大澂頓首
五月十三日

庚申殉難之人自可　奏請
旌表若專為一族懇
恩措詞難以得體各省昭忠祠　奏明設立者
甚多如他處曾經辦過援例聲請必邀
俞允否則於摺內陳明附祀本族義莊亦無
不可書與運高商之
此上　進樵挽聯用白綾書之或做青字亦可

大兄大人尊前：初十日在申接到手書，適芸皋、瘦珊均在座中，所云樵工捐款，即將原信交兩君子閱之，大約候動工時即可繳款，便中詢希園可耳。弟於初十晚間上俾物樂輪船，十一早開，一晝夜至鎮江，十二過白門、東西梁山、蕪湖，夜過安慶，十三午刻至湖口，水淺停輪。是日午後偕古壽丈、劉芸翁、盛杏生同游石鐘山，樓臺祠宇皆彭雪琴宮保經營，不減金焦名勝。山下雲根瘦削，萬石玲瓏，大有武林紫陽山光景。暢游半日而返。十四日竟日不開，据暮有氣拄渡輪船到湖口是夜換船十五黎明開午初過九江畧泊夜至黃州今早由黃州至漢口午刻登岸借寓黃陂街龐禮記號中擬明後日渡江秋谷處能住與否尚未可知馥卿在上海並未見面當至塘捐局聞鴻軒亦已回蘇如晤馥卿詢其漢口住址在何處弟到武昌後不時可來漢口想馥卿月內亦必回漢也耑此敬請

福安

孫期大澂

祖母大人
母親大人 前叩請 金安

三弟何日赴閩

十六日漢口寓中

大兄大人尊前五月二十日接初四日
手書詳悉種種弟於廿二日冒雨赴輝縣驗收紅
石堰工程廿五日回署廿九又赴河內查驗沁工皆係
中丞札委初二三在署兩日料理積牘初四啓程赴
工昨抵祥河廳會河帥亦來明日巡閱各工又須隨
帥節同回武陟看盤庫事宜望前後仍須駐工幸
河勢平順各工料物有備無患較往年大為生色

畧一整頓便覺可觀其實所撥之款本應辦工
未雨綢繆亦分內之事原非格外認真也祥河行館
寬大高爽避暑最宜緣願在此多住數日際要工
段相距不過三四里易於照料從前駐工自伏至秋約
須百日近年不過三五日耳弟所收詞訟皆係贖田贖
女等事數語可了隨到隨訊隨結隨刻可斷十餘
案甚不費力不押一人不准差役需索一錢故來告者
不少武陟人報多此等小事一經發落需費數千文

尚不知何日斷結貧民不顧批發府縣職是之故然
遠在百里以外者未便差提不能不發本縣向差如
之何也譜序一卷欽列蘭亭公小傳雖以着筆詠
皋公傳實事較多暇即為之貞孫妹何致一病
不起聞之扼腕莊田頃下及吾房公帳各貼一分甚好
所購八百畝甚為湊巧中秋可寄五千年底再寄都
之款未識能錄三四數否錄再詳復手此敬請
福安　弟大徵頓首
六月初七日祥河工次泐

再新太太有存銀二百兩存為生息 弟於去冬挪用每
月一分息付銀二兩 其意息對回南恐停捐以後即給伊
減不敷用度三四月間即作歸計前有存款一任
兄處應付息銀三月以後每作新太太自用屢為之州作合
勿再付給 弟處每月二金之息俟其到家由前之取 物
來一并匯交
兄處代為存放可也 永慶其人讀書不成久留在京亦非所宜
即結既不可靠竟無他法祖母亦不能管束故決計之 兵丨

再武昌省城内李家井祖未知住何地名望向 弟生井祖處一問恐到彼無從問訊耳 學閣井祖住常德府城内亦忘其地名此間相去數百里可通一信未知晋卿弟處亦忘否處記得從前來信有詳細住址乞屬晋卿一查 弟樓上有青布書夾内有數年前往來信件或紫閣井祖信亦在其中可屬弟婦取出一檢也

大兄大人如晤閏三月二十三日許洪帶到
手書忽忽又將兩月終日在案牘中不知光陰之迅
速也四月初三日又接前月十六日
來函謹悉專是此間公事均尚順手逐日應辦之
件隨到隨了從無積壓遲誤舉其大概約有三
端一沁河善後土工及派員購料不時赴工稽察實
用實銷除去向來積習現將告竣節省經費二三千
金可備伏汛搶險之用一地方公事以錢糧差徭為

最重武陟所減車馬差費每年民間少出八萬餘串而公局所存每月亦有千串撥備積穀之用數十年弊政一旦革除封邱一縣亦已踵而行之上忙錢糧本擬麥後開徵河北三府以濟源原武兩縣爲最苦已爲稟請緩徵此外如湯陰林縣汲縣新鄉獲嘉輝縣延津修武武陟九縣擬請酌緩三成以紓民力尚未奉中丞批示此係方伯之政未免越俎然事關民瘼不敢稍分畛域寬得一分民受一分之益此錢糧差徭兩事所

以不敢不盡心也一詞訟案件向來河北道署控案甚屢案之歷任以來案多自親提訊鞫之案常則隨到隨批不准書差索費尋常詞訟兩日即結因此擱嘆喊冤者陽懦心寬者不一而足大荒之後賣婦鬻田者思回贖州知以爲理不勝理概置不問苐意此等事大有經濟正道在人心嘗平心推斷譬如行人方便做得一件是一件不甚要緊之事片言可折不復發縣盡縣署之遲延拖累斷不能一律了結且有遞

量數月始終不批既裁假滿如終不開缺情亦大
可惜也此三者皆公所當存之事兩月以來籌理略
有頭緒所費筆墨不少而各省往來書翰有須親筆
復者頗多遲緩苗亭柳門屢次來函均尚未答　偉如
中丞為　太夫人稱觴撥送聯幛並託寫壽序未知家
中送過禮物否便中　示及前寄來本房世系圖表
細加參考閒有增改數處本年要閱後例有保案可保二品銜
覃恩誥封似可由從二品加一級請正二品封典照例三軸撥

以本身妻室應得封典貤封曾祖父母得來刻譜本

房一卷可緩函寄聞有刻於原稿寄上乞

察收

祖父家傳及

曾祖母沈太恭人節孝傳擬請張香濤張幼樵撰文暇

時當敘節畧寄京自擬敘文俟舊敘寄到再行酌

敘數語可也許借到此先派泗工料嚴照料發錢昨

已發事回署添派收發稿案事宜弟於署中一切

公事均係親自經理，封發文書亦係手標，取其快便。一文硃墨兩友又多精力，每日至多不過二三十件，清晨送稿，傍晚送簽，每擬一文兩日必發，若輩不過傳遞文書而已。懷慶府屬得雨最早，最遲麥收頗好，武陟有麥秀雙岐之瑞，並有一莖三穗、四穗者，從未之聞。彰德、衛輝二屬近日始得透雨，收成歉薄，早秋已不能全種，晚禾尚可有望。民間積困一時未得稍紓也。手復，敬請

福安。弟大澂頓首　四月十二日

大兄大人尊前十一日接奉正月十九日

手書謹悉種種第奉

命出使吉林幫辦邊防事宜並蒙

賞給卿銜自顧何人屢邀

特簡畀以參贊之任感

恩圖報自不宜稍戀安逸昨於十一日接到　中堂行知即

具禀呈請　中堂代奏謝

恩應否入都請

訓書候
批回遵
旨辦理惟家眷不便攜帶擬於出月初回南 許宅亦令
先歸隨後再來可也俄約翻議大費口舌邊衅則斷
不可開吉林馬隊素稱勁旅只有精練數營緩急可
恃便是自强之策若局面過於開展餉項未能應手轉
不足以固結軍心中國之虛實外人纖悉畢知不在虛張
聲勢而在實力操防 弟此次赴防亦擬輕車簡從一洗

内來軍營積習投効員弁一概不收如有材能出衆之人
將來與銘鼎翁高明酌調數員呈資臂助所有肝膽
能耐辛苦者為上來便廣收博採虛靡經費也今日有
委員進省已託白歸雁寄三竿以了莊田一事此間當有
二月分公費及養廉兩季未領計盤費亦當從容家用
亦可照常接濟 偉翁與郎亭同時奉諱知會開府
楚中想蒲臬當有更動也餘容續布敬請
福安 弟大澂頓首
二月十二日

新太太去年有二百金存在萧处，曾立手摺两箇，按月取利。现在因南如须用钱，乞为代付。有便再将本银寄南，另为存息，如明中代存不易，暂由萧处付息亦无不可。前托日昇汇去千金，阜康汇去四百金，未知已达到否？念念。示及。

大兄大人尊前十二日在保陽肋寄一函由阜康號代寄想已達到昨日接二月初二日手書知正月內曾寄一函至今未到運齋來信述及香巖看一竿之借想在前信中矣弟於廿二日至衛輝督帶家眷留下廿四日行抵大梁次日稟到謁見中丞 河帥於廿七日奉札赴任連日隨班禱雨亟盼甘霖 中丞因沁河堤工尚多未了須即履新暢譚三夕繼以積習難回為慮左右無相助之人看孤掌難鳴之勢弟則初膺外職亦未敢

稍事紛更，遇有關係民事之事，尚得徐圖補救也。裕澤生
中丞定於初三日啟節入覲，是日除中丞亦赴南路閱兵，
弟俟叩送後即行渡江，擇於初六日辰刻接印。家眷由衛
輝至武陟，不過兩日可到也。訂定庫儲一席任石香歷任聘請，刑名
一席屠時齋前任省請，省不請來，則恐有提控案件，不能不預備耳。其餘未薦，內委者不下十餘人，
擲派兩三人足矣。許宏尚未到，來振之仍在天津，如璞臣
乞病南歸，亦必來此。手復，敬請
福安。弟大澂頓首 二月三十日

大兄大人如晤：初六日曾寄一書，諒早
鑒及。初九日接奉前月廿八日
手書，欣悉
母親大人飲食漸增，病後調養，冀可復元。
惟弟請假之摺未邀
俞允，王事鞅掌，不遑將母，豈不懷歸？畏此

簡書寸心耿耿無以自解不知何日卸此仔
肩得遂四還山之願也十分接念吻來信
知榮林擬入泮之喜不勝欣抃因憶玉峯
應試時吾
兄弟先後獲售親族均稱盛事怱怱也三
十錄年七十

老親得見孫枝擢秀從此聯鑣而進兄
弟怡怡以應雙林故事亦家庭之一樂也
運齋或須俟開賀後再行赴粵日內津
沽海口已將封凍以後如有
電音可託令叔交滬局轉電不誤專復敬請
福安　弟大澂頓首　十月廿日

海臣賢弟大人閣下：頃接初七手書，詳悉一一。雲樵、文卿穩慎有餘，用人用其所長，知其所短，吾弟涵養未深，宜稍斂抑，聯絡諸將，宜用和中益氣湯，人參雖補，恐助虛火，去之病。今日祝帥來書，令我北路兵單，請調礮隊四營赴牛莊，兄處之車少，不能速行耳，來後即頒捷安。兄大澂頓首 二月初七日申刻

印若均此，批摺錄寄，覽勿宣示也。

大兄大人如晤二月十九日寄去一緘附呈隆
慶菴記計已達到三月十一日連接二月初四
十五日
手書知有申江之行盤桓旬日而歸想
精神興會一切勝常差慰遠懷吉蔘如果
得力月服一苗所費無幾此等真老山貨性
極平和决無流弊 弟亦親自試驗補氣而不

設助火可請
母親大人時常服之究勝於党參高麗參也
此間土產別無可取惟人蔘鹿骨鹿茸均為
道地茸角價昂迥未覓過每架銀一百四五十兩為最上品無五百兩以內者琿塔兩都統各惠
一架配送合肥壽禮尚存一架略有損傷因馬鞍打壞另配一鞍可留自兩角有接續之痕
用當俟妥便寄至煙臺口可屬沈子卿轉寄南中
去冬得全虎兩隻已屬振之煎膠數斤此更

吳藥鋪不易得之物也第到塔以後省城之鋪均有來此開設分店者市面漸形熱鬧現在試辦屯田招民墾種之給牛具籽種聞風來者絡繹不絕塔界東南之三岔口將來可成重鎮該處距雙城子不過百五十里由雙城子至海參崴三百餘里較琿春尤為便捷也甯姓琿道一缺繹庭必可嗤補　目將公之意總須試署一二年

再请补缺亦慎重之意。近阅有星使到吉查办案件，系盛京刑部启颖之少司寇，或系命盗之案，或云奉吉分界之事，尚无准信，大约与边防无交涉耳。陈媪去后用本地两媪，均极安静。寓中上下均好，内外一律整齐，无一多事之人，差堪告慰。榖士谨饬有余，荐函虽有，尚亦未可知。手复，敬请福安。弟大澂顿首

三月望日

大兄大人尊前：營口寄書及振之帶去
蕧枝諒可早到，福四到津，接讀九月十
四
手書，藉悉一一。福三日一函，亦同日接到。
母親大人壽辰，擬在八旗會館演劇稱觴，
亦可舞綵娛

親〻意 中丞以下均送屏幛便中乞
開示一單當專函道謝也弟是否駐津
幫辦海防已於初六日具摺請
旨初九日當有明文如有粵東之行二十左
右可抵上海再復敬請
福安 弟大澂頓首
鼓
十月初六日卯刻

九月十二日在三姓巴彥通營內接奉八月十一日手書并竹挖耳消息子一包謹已領到三公出口一信本無要語遲至兩月始到可見俄界之多阻滯即高人來往亦不甚便也云兄肝氣已平若但正氣不足自可多服復枝究竟比高麗參黨參為得力也伯寅之弟薪水已屬會勸另給一分月支八元如有不敷酌加若干亦可專辦於吉省邊事曾經出力不能不從優周濟之末再啓

大兄大人尊前：月朔在津，曾寄一緘，諒邀
鑒及。弟於初九日赴大沽閱操，昨午回新城。淮軍
練軍所領槍礮不少利器，特未經精練功夫，尚
缺臨陣用之，總不得力。自弟到此，各軍閱風，互
相爭勝，無不認真操演。周薪如自朔至暮，終日在
教場督操，此從來未有之事。如此用心演練，無不
精之理。他軍無此勤，道也明白。有樂亭之行，手勒，即賀
年禧。弟大澂頓首。臘月十一日

大兄大人如晤十九日曾復寸緘計已
鑒及二十日接
來電知
母親大人氣平胃開粥可少進私心稍慰惟
此次一病四五十日元氣大虧調理殊非易易
老年肝火必旺須屬左右伺應之人時刻

萬勿令生氣。其老山蔘第處尚存二十餘
苗，俟回津後再行檢寄。冬至立春兩大節
最關緊要，弟若能請一月假期，十月下旬
必可到家矣。十九日奏請
陛見祝
嘏，已於廿四日由驛遞回原摺奉

旨現在防務緊要吳大澂著毋庸來京欽此
乞假省親之摺擬於初十後拜發未識能邀
俞允否運齋歸省似無須亟亟旋粵法人
注意台北竭力經營想粵東防務一時未
必喫緊也手此敬請
福安　弟大澂頓首　九月廿五日

昨又大雨，廿七斷不能行。收謨處當來雇車，仍須
尊處飭營兵丁小心伺候。
示跋寫何日再行，同與緝庭諸君、徐畢陸三君前日見過，本
約廿七到舍，此時又須改緩，若再雨則吳氏不得了矣。手此敬請
主人勛安

琴軒尚有四信送來

弟大澂頓首　廿六日

大兄大人尊前：十月廿日在琿春道中接到九月

初七日

手書，十月朔日在甯古塔城又接九月十七日

寄緘，均悉壹是。祇以一月之中馳驅未息，日短途長，天

寒墨凍，公事每多積壓，筆札亦未能清理，是以久

未作書。津信京信絡繹而來，多未裁答，只得於旅

途陸續致復也。月之初十日由甯古塔啓程至三姓，所

過荒山雪地不過窩棚一二間，弟尚不致露宿，隨員

僕從及弁兵數十人均在雪中野處無屋可住因此兼程而行五晝夜趕至三姓幸天氣晴和無風無雪在姓閱操畢上下人等均未受凍士卒同歌挾纊此去者難得之氣候也此間奉到吏部公文不准奏留奏調人員投効之路將不禁而自絶錦如來此恐一時難以位置酌贈川資徒勞跋涉亦屬無謂且保舉一層即三五年內亦毫無把握如晤偉如中丞乞先告之西園丈處亦當據實函復也弟

於廿日由三姓動身，計臘月初二三即可到省。身子幸尚耐勞，從前亦無恙，堪以告慰遠懷。吉省添設道府，銅井可望補官，秋亭頗得民心，亦當奏請試署。運齋到京後已接其兩信，尚未寄復，念劬來信甚勤，懶遲作答，封河以後消息較遲矣。途次匆匆，劬復，敬請

福安，並叩

年禧。弟大澂頓首　冬月廿四日佛思亨站劬

大兄大人尊前：初七日曾布一緘，由津轉寄，計可

先此達

覽。茲特寄去甯古塔所購山蔘三種：肉乾秧十五

苗，計重八錢五分，係鄉民挖得，晒乾未經炮製，力量最

足，此南中參店所不識而不敢收者；又大小十四苗，計重八錢

五分，皆山中人所得，真老山貨，枝小蘆長，多係數十年

物，可請

母親留用，其價不過二十餘換，毋須送人也。又有十五苗一

色蘆細而長均極難得其色澤甚重乃係甯古塔做手与吉林省城所製不同凡鄉間所揑老山薓每一不用糖製糖有輕重色有深淺做手亦有高下並非山薓本色如此如香巖識得此貨酌与十枝八枝或以為色澤（又寄去大者二苗亦可請香巖揀擇用之凡皮厚而肉少者皆真山貨據夫人云近土者蘆粗近石者蘆細）不佳而疑之務望自留勿輕送人為要聞甯古塔所出之薓向銷廣東一路上海參鋪不能辨識也今秋出貨時尚可多購數兩平時不易覓得耳勛敬問加餐　弟大澂頓首

新正十六日

芾卿仁兄大人知己初旬摺弁回湘
接奉六月下旬
手書懃懃懇懇極荷
關垂至爲感佩弟治軍無狀應
獲嚴譴迺蒙
聖恩寬宥遽令回湘弟因和局已成

勇營行將遣撤
上意或以地方爲重令其邊田鎮撫綏
輯亦目前要事故未奏請留營効力
明知奏亦不准不爲邊田頑出師之本意
占一面子耳言路矣其進銳退速此
意中之事亦不得謂之苛求邊爾引

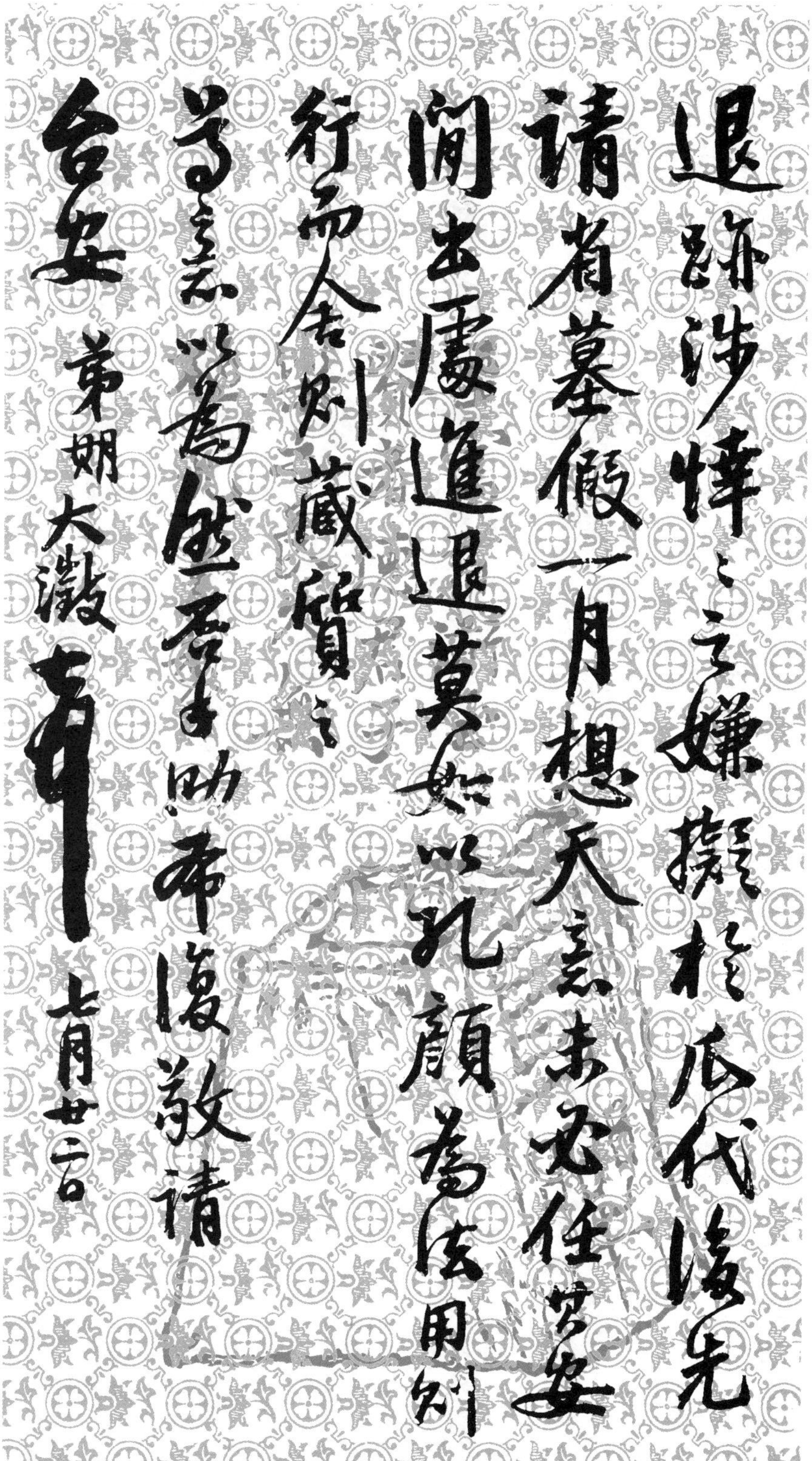
退跡涉悻悻之嫌擬於歷代後先
請省墓假一月想天意未必任其安
間出處進退莫如以孔顏爲法用則
行舍則藏質之高意以爲然否手此布復敬請
台安　弟姻大澂頓首　七月廿二日

再弟上年在山海關所領餉銀及購買軍火經費共銀壹百六十餘萬現猶局員趕造報銷清冊於交卸前出奏向由戶部湖廣司經承手經理此次撥費清神查明出征各軍應歸何司核銷經承何人乞先 示及爲再派員進京也

湘省善後局銷費向例每萬銀四十兩總工兵兩部未必照此耶

吰青大兄大人閣下久耳
芳名未通尺素曹君支衡面湘述及
閣下垂念鄙人拳〻致意且感且慙
暹羅國政得
大力主持保護不獨暹民被
澤實為中國外藩之屏翰薄海內

一

外有志之士聞之莫不欽服

嘉謨碩畫為亞細亞第一

偉人王勃所謂海內存知己天涯若

比隣不圖萬里

神交以藏以寫繼每令人感佩耶大徵

謨膺疆寄承之三湘力行仁政以培

二

補地方元氣未及兩年士民幸尚信服雖設求賢之館未收得人之效更有一事無法補救寸心耿耿為
閣下陳之湖南茶利為商民衣食之源自前年暘雨失調紅茶受病成色偶有參差英商抑價故意為難茶

三

幫亦不齊心，紛紛減價求售，致虧銀一百餘萬兩。去春茶商情急，有厭設局揹銷之議。鄙人以為茶與鹽不同，鹽為華民日用所需，可以官為定價；茶為洋商運銷之貨，豈能官為主政。且鹽可按引輪銷，秋綱之鹽遲至春銷，與成

四

本無礙茶則不能挨次出售本年之
茶運至次年洋人所不買若不減價
茶本全空官不能背洋商之銷不銷
即不能保華商之虧不虧又因去年
正月大澂出省赴辰沅閱操未遑兼顧
不能為之設法主持於是英商抑勒

五

茶價視爲成例以致上年湘商又虧本銀一百餘萬兩傾家蕩產者有之投河自盡者有之似此情形年復一年茶市之敗壞決裂可立而待湘中本無富商豈能與此鉅虧大澂不能爲茶商塞此漏卮即不能保商不能保民兩

六

七

年之中茶釐亦短十數萬金公私交困一籌莫展大澂安得辭其咎哉再四思維有一維持之灋現擬奏派道員於漢口設立湘茶積銷局訪一茶幫中熟悉行市之人邀令入局公估凡茶箱到漢除攙和陳茶成色太低者不

估外其餘按籍估計給以估單文
商人密存如英商來漢開盤論價浮
於公估之數官不與聞即稍有折耗
華商情願售與洋人者亦聽其便
萬一英商仍有勒掯之意議價多不
到本者官為收買分運香港及新加

八

坡一帶各口岸照本出銷漢局先給
茶本四成其餘六成係銷售完後除
去運費局費總共核計盈餘則按
本公分虧耗則按成公攤想外洋茶
市長落亦有定價隨時電報可通洋
商運茶回國既有餘利可圖華商

九

運茶出洋不致有虧成本但此事係屬創辦不能不格外鄭重華商向來懶於遠圖運貨出洋總無把握此須官為倡導不能開此風氣因思閣下關心時局熟悉商情世居新加坡為華洋各商所仰望倘承

十

鼎力助我一臂將來敝處派員運茶
到新即由
尊處派人照料代爲存棧代爲出售
素聞
勇於任事舉重若輕在
閣下不甚爲難而湘商託

十一

庇宇下有所恃而無恐受福實非淺鮮況鄙人之命意不與洋商爭利專為華商保本即使茶價長落非商人所能逆料稍有虧折亦尚無妨究竟自運自銷英商不能阻我出洋之路不致受其挾制湘中茶

市或有轉機皆
大君子之力也香港胥無可靠之人無論
洋商華商有與
閣下交好者并懇
代爲切託乞於便中
示知大約此間於三月初旬札委候補

十二

道莊賡良前赴漢口設局 敝處籌
款一百萬兩已形竭蹶事關商民利
病不敢不勉力圖之 張香帥亦以為然
閣下援引此信乞先
電復數字電至湖廣督署轉寄吉勛敬請
台安不具 愚弟吳大澂頓首 育苗
電信或寄上海電報局或電閩督譚文帥均可轉電

十四

再新加坡香港各電局均用洋碼

恐湖廣督署難以繙譯或乞

電致上海道署徐子静兄譯出華文

轉電鄂垣弟與子静爲至交無誤

函託照料矣并以附

聞　弟大澂又啓

四十八

運齋主人如手：前後兩緘計早到粤矣。兩致達公書，均有規勸之詞。自都來津者輒述粤紳之議，若不鰓鰓過慮。達公遇我厚，形跡甚疏而性情之相契甚深，不能不盡其款款之愚，嘗不以鄙言爲迂

再吾
弟与達公亦有知己之誼禮貌
之疏節闊目或所不免幸勿以此
齟齬丢丢要之心岸揆黔兄已設其處
其早日出都鄭師信附去手此敬問
加餐兄大澂頓首
肖月十日

運齋主人如手：二月下旬交貢差帶去一緘，諒已鑒及。此間陰雨連旬，東江之水驟長數丈，惠州府城及河源、博羅被災最重，沿邑東莞所屬數十鄉莊圍基盡決，兄因將縣稟報甚遲，且多不實不盡於初六日親赴石龍東莞所屬大鎮次日經抵惠州沿途查勘被水之輕重酌量撫卹初八日旋省又與達公商購洋米萬石以備平糶之用已於十三日奏

聞會同達公赴西江一帶查閱圍基

思患預防俾文武各官有防護之责
者稍知警懼兄看紀事诗廿四首在
舟中所作僚友傳鈔刻入廣報用梁
頭無存稿即将廣報一分寄
閲可知其近狀矣如鶴巢韓民諸君
子詢及粤事否

第代錄一紙傳觀之注中所載皆實事也考差日近意興如何鄭師派閱卷否那貴出京時均乞詳示一一手此敬問起居安善不宣

兄大澂頓首

三月十二日

運齋主人如手五月十九日曾肅數
行坿達帥書中諒早達
覽二十日接誦端午日
手書並上鄭師一緘已加封寄京矣
此間瓜果較多於甯古塔惟荔支絶
不可得偶獲數十顆腐爛而味變矣

第曰喉荔支究竟粤産與閩産風味
如何此説所艷羨而不可得也海防善
後各省毫無布置旁觀為之悶未
知粤餉如何支持去年添募各營曾
否量加裁汰不節餉則飢潰可虞敷
衍至秋冬仍不能不裁何如及早圖之

耶達帥以書
弟為左右信任之人，必肯虛懷聽納，
但可緩陳，不宜激切。粵垣向多弊藪，
不易剔除。一士諤諤，必招眾忌，久則將搆
之使去，宜稍退藏，示人以不測。手復，敬問
加餐。兄大澂頓首。六月初吉

初五日到省時因途中感受暑熱風寒陡患痢疾杜門數日客多未見何星橋觀察亦未晤談刻下鄭工總局及東西兩壩要差均已派定不再調員如晤受軒同年乞告之且從前在工派差數百員前任並未咨部此時更甚為難也若照冊咨明之案實不願代人受過

青蓮有求必應其實並未咨部見
則事事核實不顧人虛領此情且部
中咨明河工保舉外省人員業經到
省候補者即有奏調咨調案據亦不
准列保鹽務人員並不准調楊丞毓
瀛所求礙難派差亦各此一札也
晤雅賓同年
乞告之

申粵同來數員不能不洛部此外一概
不調不洛免得將來紛紛求保即在工出
力者已數百員亦有不能盡如人意之處若
振之潤泉及程全保江子朗均乞
代為致意亦有鑒於前車之覆轍耳
徐應曾名條已交易伯

運齋主人如手：廿六日送接初七、

十一日

手書兩緘，所

論河務貴統籌全局，信然。東境

河身兄未親歷，不知其底藴。若豫

境河底並未淤高，亦非專講隄防

不事疏濬之病病仍在不講隄防也蓋隄所恃者埽與壩而已埽磯護隄壩磯挑溜挑壩得力則溜入中泓而不逼隄根壩有護埽之功而中泓有日刷日深之勢河不著隄隄何從而潰哉前人得力之

大壩不知幾費經營而填砌結實日久灘生河溜漸遠不肖官吏以為壩在乾灘無所用利其石而拆去之壩去則灘無依傍遇溜即塌數十年之老灘一日可塌十餘丈近日所目覩凡河灘寬濶之處堤外

無埽倉猝不及施工隄何所恃而不潰哉然有塼石壩工年久不修為河水所沖塌者河廳之不修壩而專廂埽者無他料賤而塼石貴耳南岸近年石壩廢棄殆盡河溜南圍屢屢生險此非河身淤塞

之故顯而易見兄謂河底並未淤
高有何證據乎曰有之北岸老灘
高於新灘二三尺至七八尺不等新
灘高於嫩灘一二尺水長時嫩灘上
水新灘尚不致淪浸兄去豫九年矣
如每年淤高五寸則水面必高出四

丈尺而從前所見之灘皆淹沒水中且北岸老灘皆嘉慶年間河水所積之淤然則今之河底深於嘉慶年間確有可據大凡大溜所趨河必不墊壩工得力之處河不着隄則中泓必深今日之要務在善後

善後之要工在提前提辦其勢不能待合龍以後從容為之兄創此議老於河務者皆以為是然年内忽忽三四月只能擇要補還數處所謂補還者皆從前原有之壩明年春夏不可間也手復敬問

加餐 兄大澂頓首 八月廿六日

運齋主人如手：八月廿五日曾寄一書，不知何時達到。合肥相國於望日旋津，先即請假省親，十八日奉
諭賞假一月，次日登輪船，計廿四日可到家。離鄉八年，望白雲而思親舍，久不得歸侍晨昏，一夕乘潮南去，重話故

愙齋啓事之箋

山風月藉慰
老母倚閭之望亦人生樂事也海軍
得醇邸總持大綱籌費不致掣肘
目前尚無指款僅草一篇空套文字
大局仍責合肥專政而佐理之人未必
得力兄可作壁上觀似亦塞翁失馬

之意惟吉林勘界明春尚須一行俄
廷已派東海濱圖畢爾那托爾以明年
三月為期此事易於勾當風塵僕僕不
敢告勞擬於臘月中入都請
訓也鄭師書并閣墨一并附上手肅敬問
加餐　兄大澂頓首
九月廿二日永清舟中肅

愙齋記事之箋

陳壽卿文所寄周鉥印本百餘種

尊藏印謚第三本六十九印皆周鉥并

敝藏計之可得二百數十印大澂畧有攷

釋擬分官私二卷用石印法印之絲毫不

走但須於碟上填墨方可照印敬乞

再賜古鉥拓本二分不必整紙每印打一紙條不甚費力　吴大澂

愙齋啓事之箋

慎思主人如手：九月初四日接誦八月廿日手復，十日續得廿八日惠書，承寄古鉢拓五十二種各二分，並中郎監印二紙，已照收。合肥相國昨已請

訓明日啓節出都十六日必可旋津祝年事
當為說項能否仍力圖未可知北洋公
事日繁近年精力漸不如前索書者接
踵而來大半東之高閣代求墨寶尤不
易得也 大澂擬於望後請假一月回籍
省親海防無事之時必蒙

愙齋啓事之箋

俞允二十左右即由海船南歸計郎亭文
卸學篆出月亦可到蘇有書約其同看
天平紅葉亦一樂也　醇邸總理海軍得
劼侯襄助必可漸次擴充正與
卓見相符紉公久無書至手復敬請
台安　兄大澂頓首　九月十二日

慎思主人如手：七月十四日接奉六月
廿日
手教，承
惠二百蘭亭齋古銅印存兩罍軒尺
牘二部，感感謝謝。
命序跋語隨後寄上。筆墨荒蕪恐

不足增重耳王蘭士觀察所著礮隊測量圖說洵屬明白簡易在算學家視之極為粗淺然弁勇武夫不明句股之法告以三角八線如何運用仍茫然莫識其故西人看千里鏡鏡中看極細橫線以人之高矮定之道里之遠近以二

千碼為極可測三里有餘槍隊用之甚為得法一目瞭然無煩測算故軍各營皆用此鏡至海面測量敵船者未得簡便法門然亦不外三角八線也至電氣之用近年愈推愈廣心思亦愈用愈靈水雷一門為軍火中淺近之學中國自造者皆

可備用惟槍礮之精者不易學製此中曲

折微妙難言之矣

尊論弛鬻粟之禁而重征之主此議者

頗不乏人裁勇一説鄙人痛切陳之不裁

則難乎為繼安得鉅款以大治水師哉粵

閩新募勇營率不足恃又嘗此等事

之秋，何必竭帑藏以養此無用之兵。但將水師竭力整頓，則陸軍皆可大加裁汰。去年兵省新添三百數十營，每年需餉千餘萬，早裁一月，多省百萬，何遲之不裁耶？鶴翀聞有舊主人招去矣。手復，敬請

禮安。兄大澂頓首　七月廿八日

愙齋啓事之箋

近晤李山農觀察，述及二十年前曾在
顧子山文處見一周鉢，極小者，陽文六字，
亟精無比。當時擬以百金易之，而未得。何
以此印未見未聞。
執事不可不索一觀，如借印時乞
代打二十紙寄惠。幸甚，感甚。大澂又頓

愙齋啓事之箋

慎思主人如手：虞山歸，尚未
走候，病軀漸就痊可，日服葠着
大有功效，堪以告
慰。毛上孫刷印古匋圖攷續居於
日內訂就，兄擬初六日送舍姪赴白

門廳試欲帶往銷售耳
尊齋有知不足齋叢書擬託
海如兄代查古陶錄賜借一觀即
日奉繳 萬姓統譜明後日送還敬請
暑安

如兄制大澂

七月初六

大清國欽差幫辦軍務大臣湖南巡撫吳大澂
謹寓書於
大日本國駐紮海城縣陸路統兵大臣閣下自
古聖帝明王不得已而用兵未有以窮兵
黷武為得計而能富國利民者也
貴國將士久勞於外處此冰江雪嶺地

氣苦寒之士晝夜嚴防片刻不能休息
鞅掌馳驅何所底止在
閣下固不敢告勞在軍士尔極辛苦矣
本大臣陳師鞠旅爲
國盡忠禍福死生置之度外固當激厲將
士奮勇爭先臨陣退缩者殺無赦自可

操必勝之券復我疆土以報
朝廷此本大臣之責也第念兩國民人莫非
天地所生之赤子荼毒生靈必干
天怒每一血戰槍礮如雨之中兩軍互有傷
亡動輒擊斃數百人幸我湘軍善避
槍礮統計陣亡者不過十餘人然一時徼

幸豈敢自信本大臣念
上帝好生之德體
國家愛民之仁意欲保全兩國民命早息
兵端同享昇平之福伏望
貴大臣度德量力布置後路金師而退
還我城池速即移師金州旅順一帶沿

海地方即退上輪船較為近便此地不可
久居明哲保身此
執事實圖利之奉大臣以不嗜殺人之心
盡一視同仁之量並非不敢戰不欲戰也
開誠布公書不盡言伏希
亮察 大澂再拜 二月初五日

日當以彼奉寄古墨數笏已彼人函
中寀頭欲存方于寶墨殺澄寀之
子墨不同之
試用之驗乃佳甚宋二品不足數
璠也以三个刻語刻勿泊見得議欲
俗集所奉吉儀大是日可來復上
蘇鄰・入尺弓
愙命手狀
四月初一日

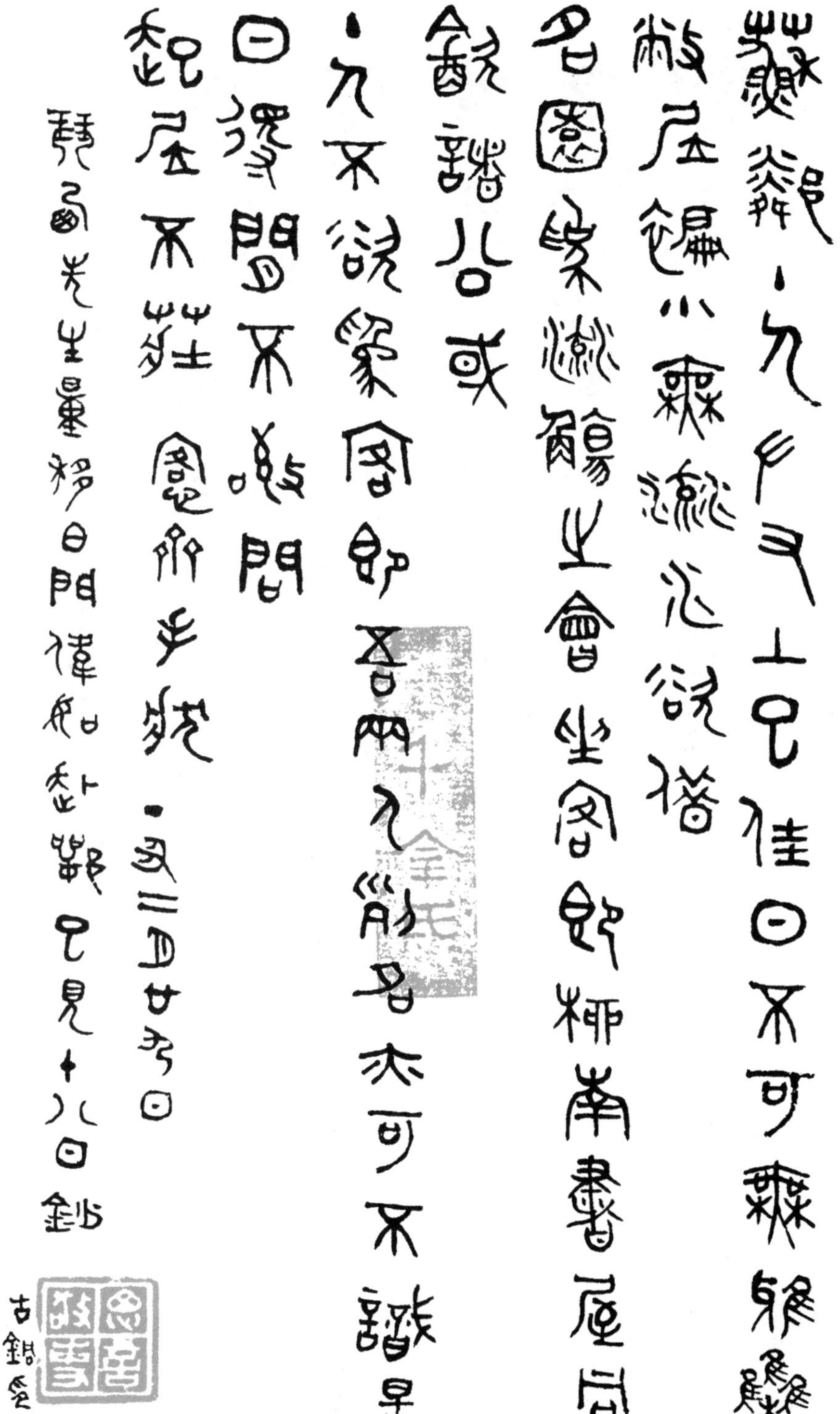

今日正御奉討論誦
于簡當于本起詣
圖者孝讀書兩頃皆書款
不歷再書數幅請
斁也乎復
蘇戡・九
惠余頓首
廿三日

頓首

眂目曰爰闇隸曰云蕈桑

手畢米印敦報月十躋家宅約不穫

旨詔

高所集出坐資燕在

圓中勞景上游泝三正日計

晝均極相合養閒二曰上約尙可止羊

弓樂出閒斡季贖

曰談也

吟晝名聯遺儥入坒

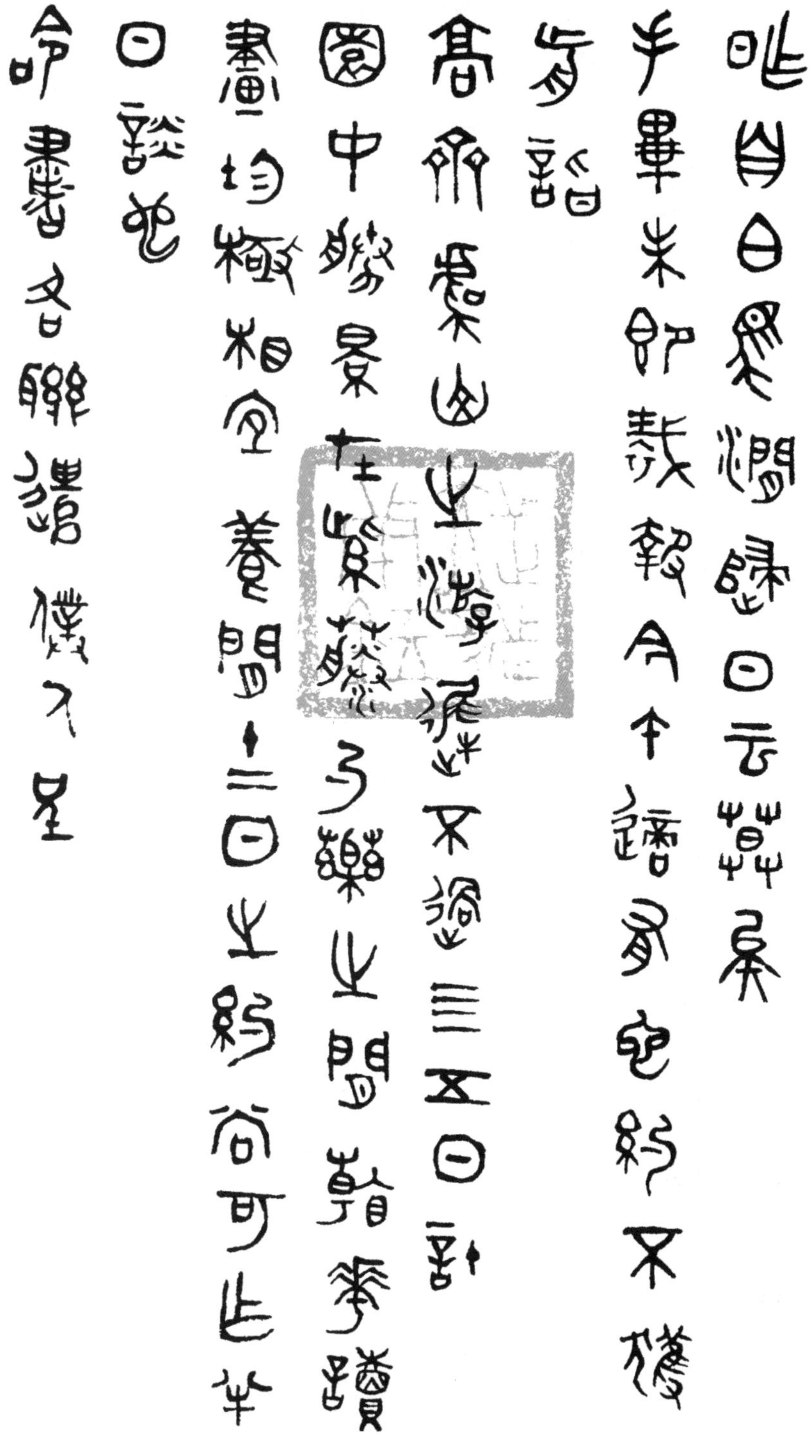

上款短矣不稱之

奚用之矣一小幅興會所至爽殆潔之苦

請一

乎之作非最生疏流也乎憂收問

起居百福大澂拜上

蘭蓀·人執事

雄跋弟鈦了書璽至寫鈦印鈦字

三月十日

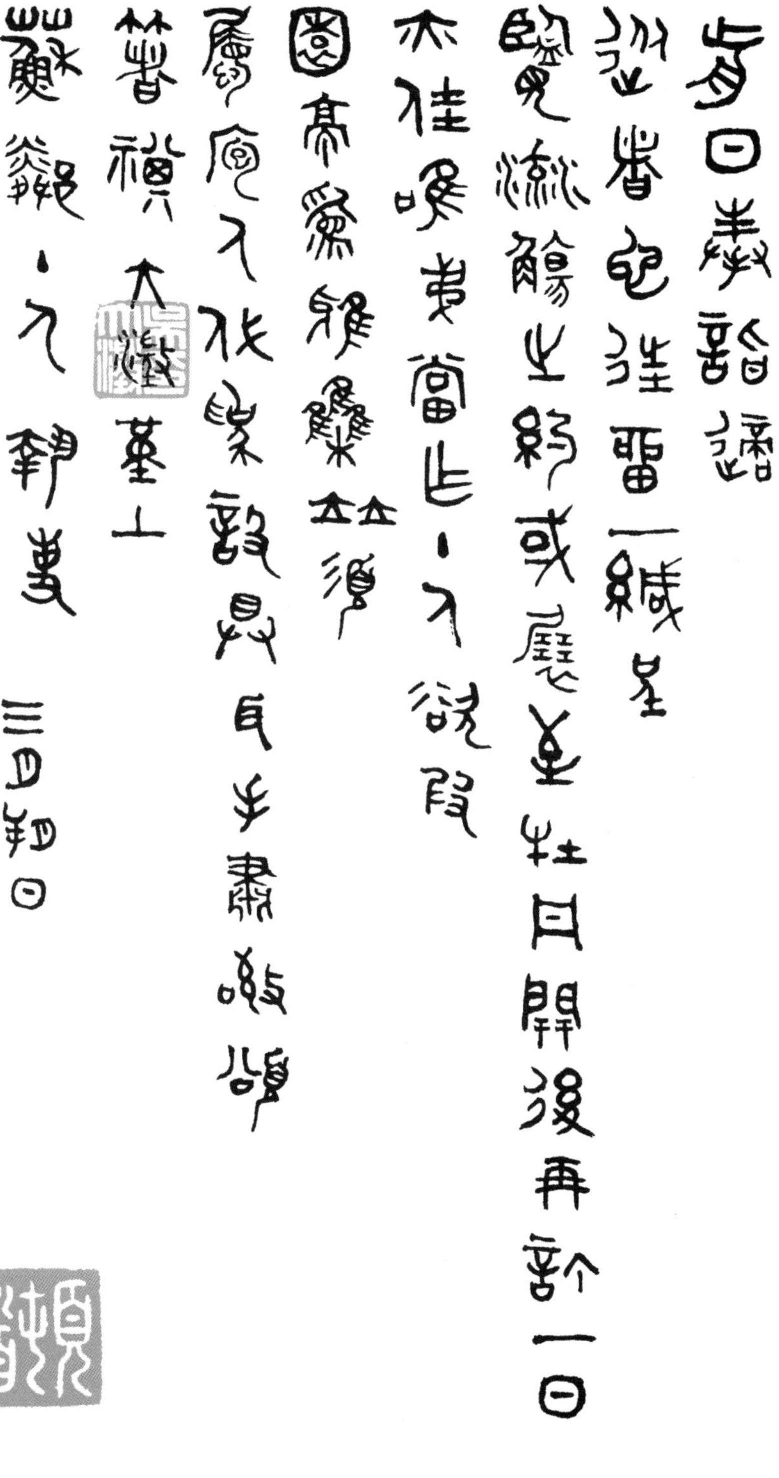

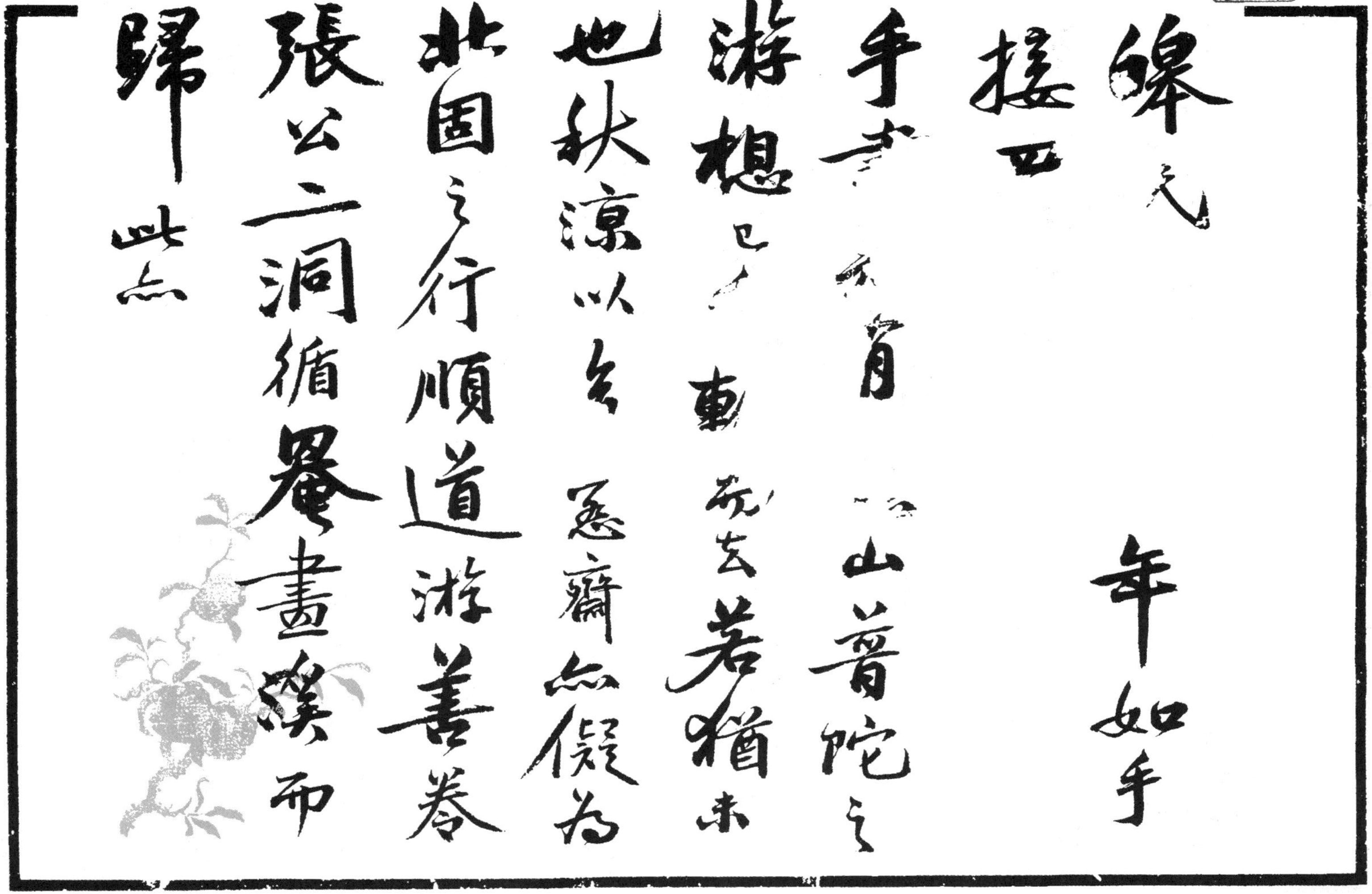
皋文　　年如手
接四
手書，示有[illegible]山普陀之
游想已久，東來去若猶未
也。秋涼以後，愙齋亦擬為
北固之行，順道游善卷
張公二洞，循罨畫溪而
歸，此亦

執事　手壬寅同
年一　戊辰同譜
又聽一个殊〻拖腕描畫
近日嫥〻〻田舍餘就
簡之意見皆時以為酷肖
猶帶賣之學蔡中郎
態不乃
尊題表暴之緣無憑

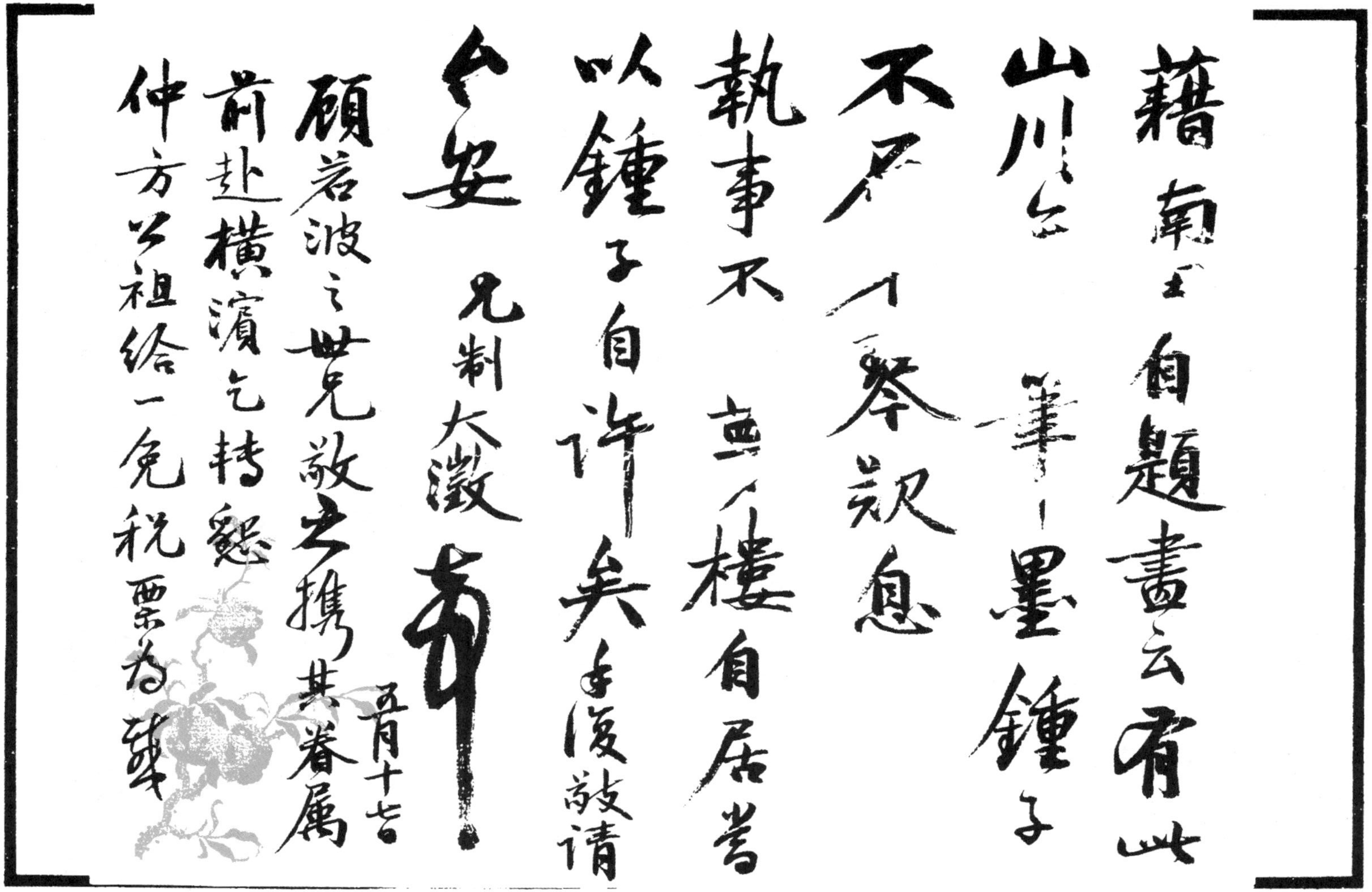
藉南老自題畫云有此
山川亡筆一墨鍾子
不足以參款息
執事不無樓自居嘗
以鍾子自許矣弟復敬請
台安 兄制大澂頓首 五月十七
顧若波之世兄敬之攜其眷屬
前赴橫濱乞轉懇
仲方之祖給一免税票為荷

皞民仁弟同年大人閣下前泐寸緘尚未封發適春山同年來湘以清泉場署缺虧空四百金正

月十一限滿不繳將列
彈章而徹處俸廉所
入勉可敷衍近以
慶典報效一律核減二

成歲事崢嶸正形渴
歷春山見此情形大失
所望再四躊躇竟有山窮
水盡之勢不得已欲赴壹

南為兄米之計兄知
執事於同年至交情誼
書厚力維援助斷不藉
詞推諉兄與吾

弟相知最深，屬其思
多此跋涉，但求
一函關照源豐潤即可
代付浣春山清此文代

明年必有調濟之缺一官之進退全家性命所關不能不爲一言介紹手助敬請

勛安

年如兄

大澂頓首

臘月十八日

春山云明年秋冬必可奉歸 賤況稍裕亦可代爲料理

慎思主人如手：廿五日接奉十一月十八日

手書并毛詩一部，當即照單送去，餘款留存敝處。今年購物

各帳俟查明開出再行寄

覽。聞今秋安東各鄉棉花不甚豐收，

執事實心為民，

蓋慮益形勞勩。漕事正忙，相較去年費力，公事公款尚不致

棘手否？至為系念。兄終日碌碌，案頭筆墨山積，不得料理，閒

宦如此，亦殊可笑。惟經理各善舉，輒償所願，此一快事，究乎所屬

之趙邨榆堡一帶均受河患被冲最苦今冬募得二千數百金所製棉衣自行往給與饑民回去按户散衣似尚實濟又於荒邨中爲設粥厰二所適英西林中丞有助賑千金由大京兆茇文允處又募數百金延請結實可靠之司事在彼經理可放至明春三月經費有着此事較城内粥厰爲有益所來領粥者皆邨民中之老弱身所穿者皆兄等所給之新衣令人惻然于心不比城中乞丐今日施衣明日赤體矣兄於善舉不會零星募捐不務矣蓋虚惠偶一動念不勞而理此乃天道之好生貧民之應得不過假手於吾輩耳順請

主人以為然否？張仁卿所刻曾文正集，此間已見及。茶相亦以所編數十篇付梓，屬為校刻。奏議不多，擬再畀為搜輯。蒓齋赴直，若青為此，亦非易易。何時北來，可圖一晤否？陶公天分過人，近來想益平易，前與滂喜言之。致書上游，力為護持。陶公與滂喜舊交，數年未通隻字，即此見其風骨可敬也。明年親政，建白必多，大約無甚變章。近年時局平正，氣象亦好，遵循勿失，便是嘉謨。政紛更張，有損無益。鄙見亦復如是。手復，敬請

勛安，並賀

年禧。不盡百一。

兄大澂頓首

臘月廿八日

廣盦三弟大人如手：前月下旬曾布寸緘，計已達
覽。月初穗甫到京，接奉二月望日
手書，藉稔
試事殷繁，
動候佳勝，慰如所頌。兄自初八送場後，感冒暑溫，卧病十
餘日，近始復元，精神尚未充足。韓民日內謝應書館，所索
底稿，前途尚未交來。彼中人素性遲滯，兄已屢屢催促，俟其
交到，當如

此事意另布一函精述師門之意意相師本極剴切匯場之

前曾由世兄跋意皞民甚爲拳拳之想已有書奉復矣 穗甫

文字尚未見過 韵初最爲入穀与乙年

大作相似此要集之文也悉布复仍容續閱敬請

勛安 兄炯大啟 三月廿三日

初八日跋 皞民書已見及矣

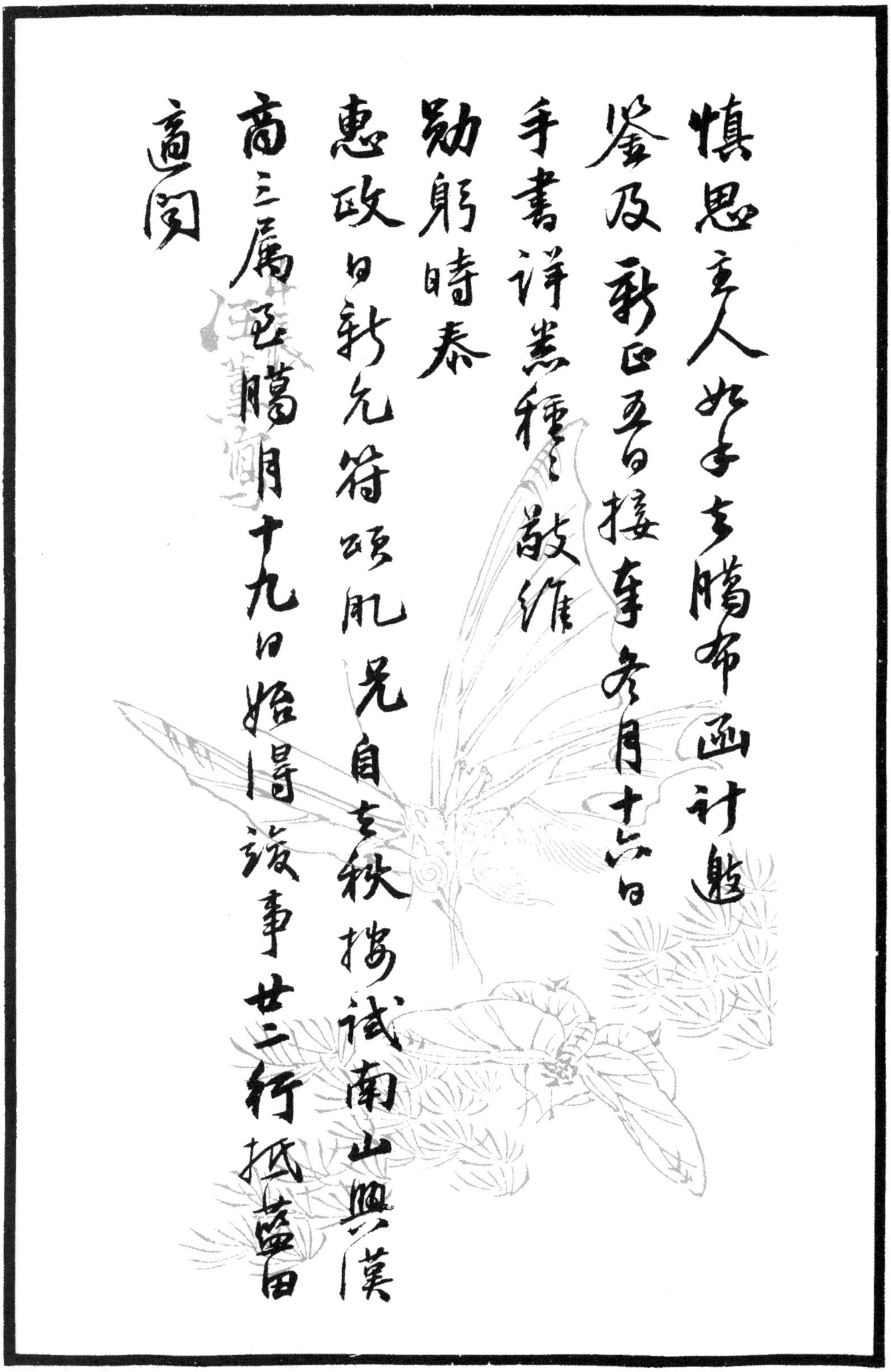

慎思主人如手去臘布函計邀
鑒及新正五日接奉冬月十六日
手書詳悉種種敬維
勛躬時泰
惠政日新允符頌臆兄自去秋携試南山興漢
商三屬臘月十九日始得蒇事廿二行抵藍田
適閏

退樓二伯大人台右 三月十九日奉到十四日
手書 碌〻尚未肅復 初四日又接廿二日
諭函 知前布寸椷已達
台覽 敬稔
起居萬福為頌無量 一粟復稿 彼中人久未送來
姪因累擬敬行與之斟酌 須由 缉庭處交到各件一
並寄與 三弟酌奪 似此中尚須細為推敲 方無疏漏
岩南書之稿 想必另有斷語 此外聞所得擬議

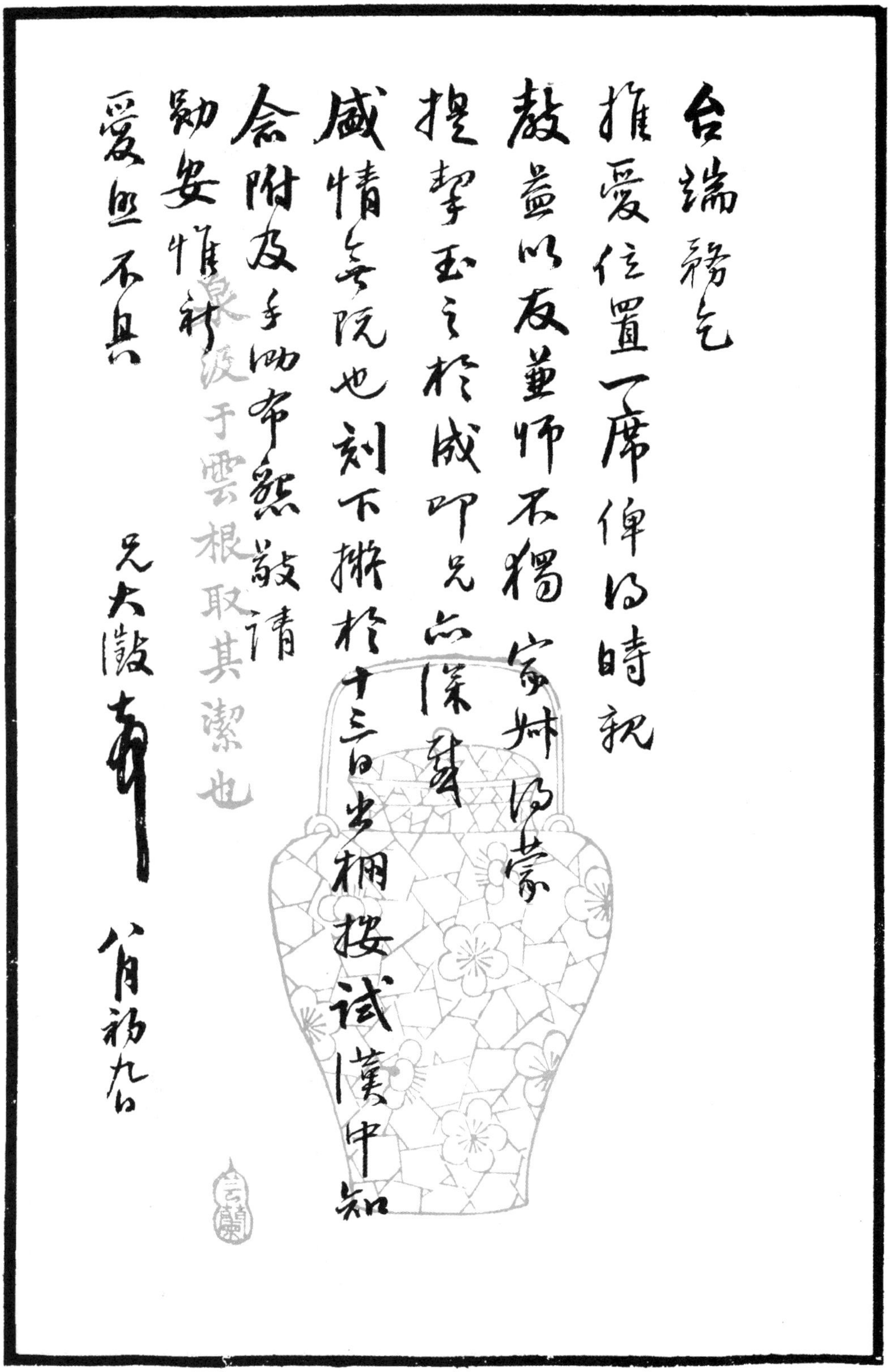

台端務乞
推愛位置一席俾得時親
教益以友華师不獨家姊得蒙
提挈玉之於成即兄亦深戴
盛情無既也刻下擬於十三日出棚按試漢中知
念附及手此布懇敬請
勛安惟祈
愛照不具
兄大澂頓首
八月初九日

試鳳翔次及乾邠二州兩月以來馳驅未息關中士習向多樸
愿文風則久已不振自經兵燹寒士荒經鄉愚失學童生
入泮後即不用功大都名列膠庠躬親耒耜謀生不易力學
較難安分則有餘振興則不足教官之自課久不舉行書院
之膏火類多微薄上者以示勸懲下相安於苟且不獨童生
少通順之卷即諸生亦多紕繆之文既體察情形不能不稍
盡心力以挽士風每於覆試之日詳加訓勉須示規條擇其可
造者獎勵之使益勉於為善不率教者申斥之俾知愧而

思奮不憚苦口曲為開導數百人中或有一二領悟之人不無小補各學月課由兄處頒發題目飭令教官收閱定名次及前五名課卷按月申報學署庶教官各有職業諸生亦不敢視為具文至各屬所有書院隨時與地方官商酌辦理量為籌費漸次擴充三年以後或有可觀總期優給獎賞嚴立課程似於寒畯不無裨益閱卷而外事必躬親倍形繁瑣幸精神尚可貫注差堪告慰歲事峥嵘撥冗手復敬頌春祺不盡百一兄大澂頓首 臘月廿日

灤州游子岱先生以循吏
特放永平府，亦文正舊時舉薦。
朝廷用人近多破格，可爲盡心民事者勸。改缺一節已經議
準以海州爲題調缺，原稿奉
覽。皞民書附上。所
寄百金已匯到，書即轉交。敝肆舊書甚少，而價奇貴。前
屬代購續三通，皇朝三通屢經議值，相去甚遠，因未報命。前
年所購三通不過八十金，近則百金外矣。手復，敬請
勛安。兄大澂頓首
三月初六日

之說相老閎切有素即不與說亦必留意若得衡老於情相
處一提尤為結實未知見得到否至許樸翁平正老當向與
閣人轉述似尚未妥
皞民交涉事多無可轉圜所需白筆許以從豐彼亦無不
居奇俟其定稿再與酌定由兄與皞民商辦可請
放心手肅布復敬請
勛安 兄大澂頓首
七月初十日
答相幕中有汪鏡初兄筆墨雅潔近有新入幕者不知其姓氏子梅
在蘇曾見及否 於畫意造無法 當作大幅恐力不逮耳

竟無相助為理之人，不如都門一也，善舉尤可嘆也。桴亭先生從祀一議，未知已奉明文否？檢映翁所好，所學未必確守程朱，何獨於此舉持異議耶？大疏擬於廿六日出，撫院先奏慶陽，次及匡平。如有題科，尚須回陝錄遺。僕之道遠殊形，況瘁鶴料以侍左右，歉甚甚。尚望從直教誨之為禱。手復，敬請勛安，不盡百一。

姻兄大澂頓首

正月廿三日

廣盦三弟大人手足：十月初道出
崇封，作
衙齋竟日之叙，快慰奚似。兩月以來，碌碌未通尺素，想
判事之暇，課桑勸農，
惠澤所施，必已從容就緒，何不
宣示一二，令我側聆
琴奏耶？茆相率復一緘，計已達到。鐵量吏治，待理者正多，頭緒過繁，驅難整飭。兄負兩議，一劉道府密

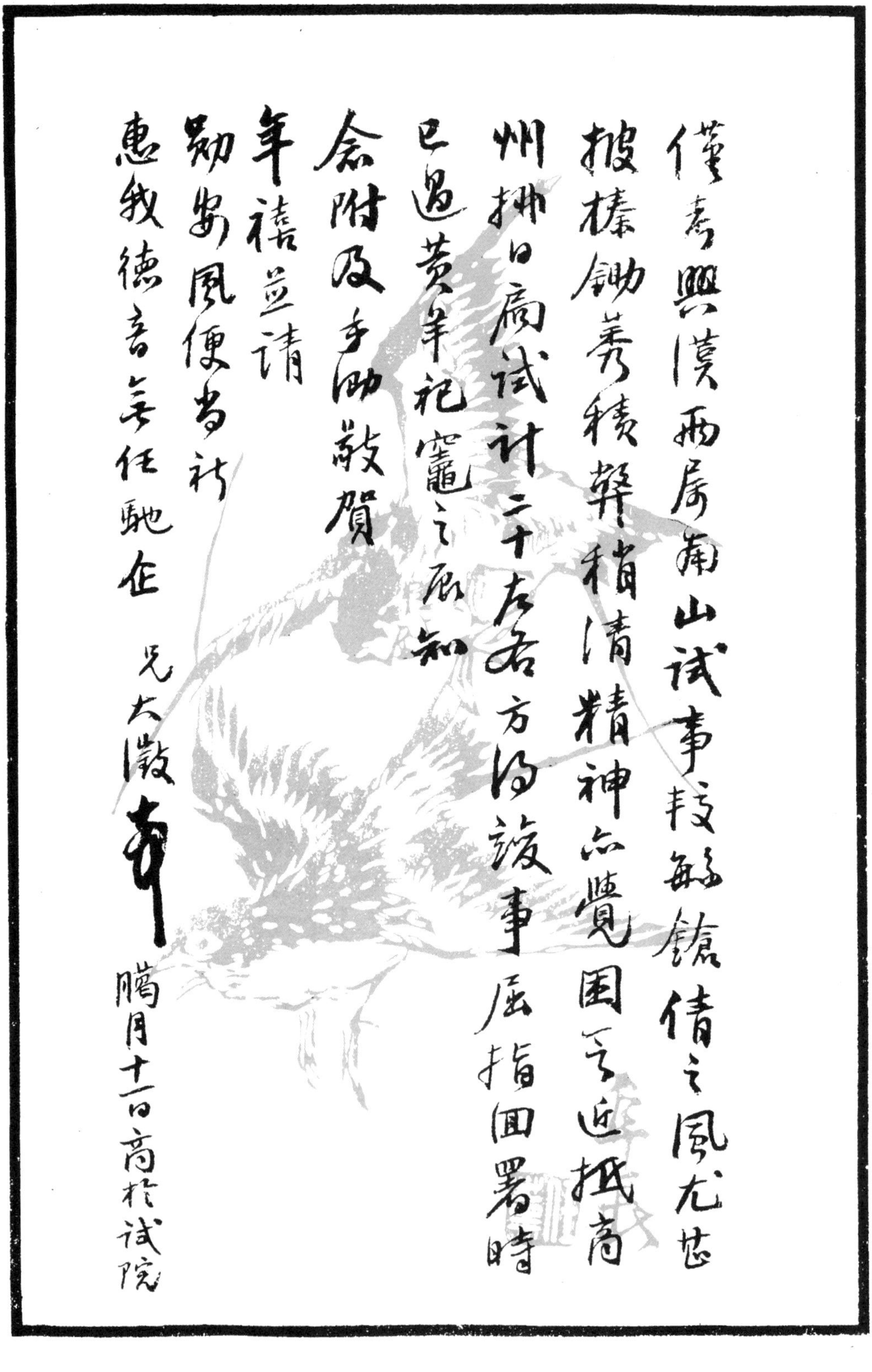

僅壽興漢兩房南山試事較繁饒倩之風尤甚
披榛鋤莠積弊稍清精神亦覺困乏近抵商
州拜日扃試計二十左右方得竣事屈指回署時
已逼黃年祀竈之辰知
念附及手此敬賀
年禧並請
勛安風便尚祈
惠我德音無任馳企
兄大澂頓首
臘月十二日商於試院

裁培之意，感感出入无度，故然愧荷，仍已
遣归。文宗兄别为位置，俾綽从此精機日親
教益，不致终为弃材，皆
执事成全之德也。舍弟就中丞之聘，近在乡井，
得奉晨昏，固所甚幸。惟此席大有关系，綽否胜任，
殊为惴惴，只有屏绝一切，专心案牍，尤以慎密为第
一要义。贺请
尊意以为然否？大澂于仲秋出门，仆仆三月，有舒

南亭文字十二分結實尚具文議近來特筆之難如此
然彼中人云所以繙譯雙請亦由來文云云不可參活筆若
照部例只有仍前議駁別無可以議准之法倘安定尚
在并雙請亦辦不到刻下諒無有意挑剔之人似有幾
分把握也正助復聞元豐玖蓋到二十日
手書並許徐費酌為函告即分致紋銀三百兩借為收
存樸齋人極平正無部書詭譎之習歸氏經手事多歧
固其底蘊可信無他陳子章所言或是厓詞伺喝已

与𩏾民言之，屬其留意，或有他書作木鐘之局，未可知也。今日晤芸舫，已託其再往桐、衡兩師處一提。若衡老肯向情師下言，尤為結實，此亦星五先生之意。如有消息，再行續報。承示衛景武公碑，卽是善本，如許借臨，秋間蒋莊有人北來，可託帶下，心感無既。再泐布復，敬請頤安。弟大澂又頓首。初十日

附十九

知為函致竹儒觀察撫於機器局中位置一席亦屬無聊之思江浙題名錄正今未見殊為繫念山左闈墨甚佳取中九十二名附生六十二名餘皆選拔廪貢亦云難矣兄自前月望日挈眷西行所帶僕從行李未能輕簡跋履山川亦覺勞頓途次嚴飭家人不準稍有需索一路尚屬安靜計十三四日可抵潼關子實典試回京日內亦當途遇也安東棉稻兩稔在七分以上三復來書拳拳憂民之意溢於楮墨欽佩良深手此布復敬請

勛安百不宣一 兄大澂頓首

十月四日靈石縣行館

鼎湖之變憂
恩至渥感慟尤深十月以來百事俱廢惟有禱祝
朝政日新上下交儆共濟時艱年近因宏道味經兩
書院經費不充與中丞方伯往復函商少有頭
緒味經山長實心課士殊不易觀廢之可惜去年
由溢院借款千餘金敷衍過去勢難爲繼大徵
任內必爲籌妥秦中局面遠遜東南此等美舉

箋二十

氣而無獷悍之風教官中亦皆苦累間有一二貪鄙之員勒令乞退其庸弱年老者尚無他弊似有可原悉皆聽之不復苛責所謂去其太甚而已士子平日多不與教官相接地方遼闊遠者距城百餘里終年力田不親書卷者十之八九故學校無從整頓惟有振興書院足以鼓勵人材造就一二兄於按臨各屬時擇其秀而文者萃之三原宏道書院每月師課四期郵寄棚中自行評閱詳細加批數月以來諸生頗有進境膏火亦

句可解者推原其故前任補行四歲四科一榜並收有寫他題數行並不成句者有僅寫題目者但論學額之多寡不論文字之有無此縣不足以他縣補之亦不待州縣送考來猶不拒輿臺雜進涇渭同流所取各卷付之一炬此等考政實未之前聞遂令應試童生以爲進學不必完卷平時不必用功文風之壞日甚一日誰執其咎 兄則少有區別就其破承起講有數語近題者即爲取録 延安一屬多未足額 有一縣首歲科均未完篇勢難遷就實不敢以寬大之名誤人子弟亦小矯枉

從優給前列者每月可得七八金其次亦四五金秦中向來所未有寒士得此藉可專心學業以敝篋所携經史小學理學諸書悉存書院俾資博覽目前諸生中可造者約有二十餘人南山興漢亦屬文風較好必有美材羅而致之亦是為書院生色明年度隴此事勢難兼顧將訪名師良不易得閻丹初先生教授河東亙致書而不就亦無如何也夏間按試北山亦屬荒涼窮寞之區士子荒經固不足怪可異者身列膠庠而從未握管通篇雜錄他題矣

慎思主人如手初四奉到二月十六日
手書敬稔
台候勝常凡百如頌想日來
試事正忙
門牆桃李必多佳士聞蘇屬歲試亦已竣事寒族無好
童生與考者亦屬寥寥敝邑文風近亦不佳陶里眼必為
之一笑也湘鄉星隕朝野震驚
飾終之典至為優異長江為東南之鎖鑰南洋為北洋

之咽喉非威德重臣不足以資鎮壓 宋帥擇吳必有振作若遽升任其如吳氏之失望何求劉喬文稿見處曾錄數十篇他日當以目錄寄上如

主人所見極多乞覓抄手代為補錄 文正識度亦古人中亦不多覯讀其文可想見其人也吾

主人之見器于 文正不僅以文字受知者比循政惠澤福我安東士民為之正長必有卓越表見之處

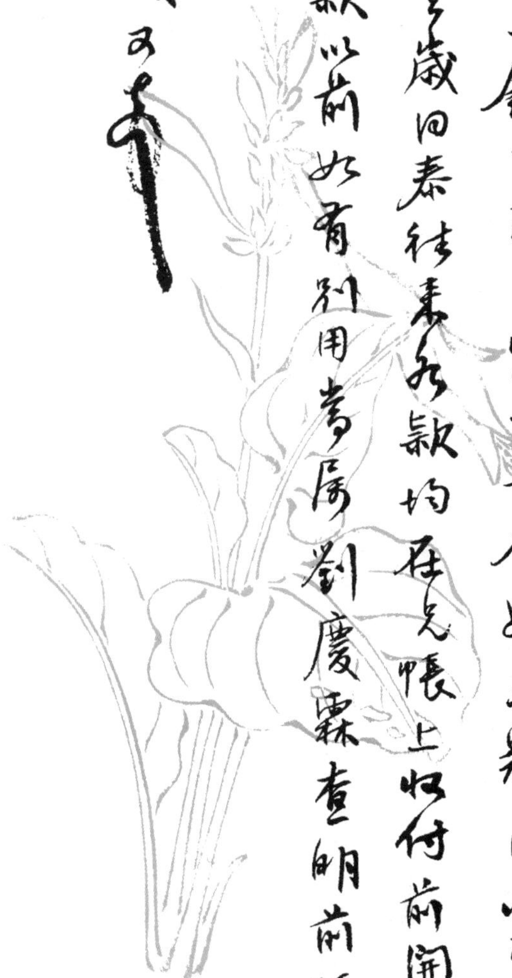

樸高處已与銅井高〻先交百金如之無雜色亦可不必
請益矣去歲回泰往來各款均在兄帳上收付前開一單
外別無他款以前如有別用當屬劉慶霖查明前帳再
行寄
覽也　大澂又上

此間皮貨會萃于涇陽以六月間開市價值較貴于都中佳者絕少殊不可解下等貨則價廉而不可用去年在甘肅寗夏購得羊皮筩其價雖昂成色頗好三原之此等貨俟回南時請擇用之今夏當于涇陽再購數件恐不如寗夏之細軟耳至青種羊竟無佳者所見之貨粗細不匀不堪入目如有上品者當為留之今西甯羊皮極賤極低作手亦不佳青狐猞猁均出西甯亦未見有上品者所謂地頭無好貨也　大澂又啓

西清古鑑 卷廿三 四十三葉

顧乃自七月初一二日永定河決口水勢泛溢宛平良鄉被災各邨看難民數百人在金門閘堤上嗷嗷待食兄於初十日聞信即于十二日前往偕皞民同赴該處放米數日給錢一次又至當溜邨莊親自查明被沖房屋及老者病者殘廢者散錢數百千此次集捐千五百金尚有未及徧查之處函請伯相派員接辦兄竟於廿四回京連日乘騎跋涉泥淖中人馬俱困精神已覺不支文大之復不克親往已由天津委員數人前去辦理文惟積潦未退又增西水河工驟難興辦千里長隄已破碎

松竹齋撫古

鶴笙家姊極承
培植栽何可言䲨等
尊署大可專心用功作文數年總未入門用心絲散未能
凝靜外有餘而內不足未知近來能稍斂抑否如肯時聆
教益力求上進何患他日不至成就即書啓一道亦須文理
明通方可應試合節往事鈔胥而不能操管亦終歸
無用而已近日所出童試小題錄出一紙乞
精文鶴姊為聲兄大徵再啓

己未菊秋
松竹齋撫古

寧壽鑑古卷十六第十三葉

作父丁觚

西 文

鶴笙宗丈荷蒙

培植，厚意殷殷，極深感助。未知近來能否沉靜，

不負

提挈。吾如有浮華習氣，乞

從直教誨之，勿稍客氣為禱。大澂謹顙

己未菊朔

松竹齋撫古

觚二

慎思主人如手：前月十七日接奉四月廿七日
惠緘，欣稔
政聲卓著，
榮列剡章。幼帥知人之明，乃
執事有可知之實，碑在衆口，既洽輿歌，
名在
御屏，必邀

己未菊秋

松竹齋摹古

寧壽鑑古卷十第十三葉

作父乙觚

寧壽鑑古卷十第十二十四兩葉

父乙觚此其一也

特簡晰林何如昨閱邸鈔知頻華兄以館選可

喜可賀聞出硯生前輩之門又結一重文字緣功

名看定卯此可見余弟來書尚無牢騷之態想英

氣亦漸減矣璞臣以即用如可由直不致落漢北地

旱荒又須撫賑璞翁一片慈悲必可實惠及民荃相

因前年查賑頗為器重也前聞

論及倉聖始造文字其功不在先農下昨已疏請

鐏

單

通飭各省列入祀典想禮部亦不能有異議摺稿

錄呈

台覽倉頡墓在白水縣為國中掌故見不能辭其

責近於古文字頗有領悟知舊釋鐘鼎款識多

有不合處倘荷倉公默佑俾篆學略有長進似

可於冰斯而外別闢門徑也一笑　朝邑王復齋先生

名建常與李二曲同時而能恪守程朱薛胡之學

此器即西清古鑑卷廿三 三四五六

西清古鑑卷廿六八葉父丁斝不知与此是一

其純粹篤實在二曲之上而名亦爲李所掩當時惟顧亭林知之實西北之楊園桴亭也近已奏請從祀文廟並將遺書數種咨部備查未識能邀廷議否

西清古鑑卷廿六第三葉父辛觶一

新任甘肅學使許筠庵前輩已于前月來秦交代一切事宜早爲布置刻已西行赴任矣此間暑氣酷烈惟日以書畫金石消遣永晝別無所事手復敬請勛安不具

兄大澂頓首

閏月廿日

慎思主人如手廿五日接奉十一日
手書並承
惠借百兩感何可言梅公喜於任事是其好處然往往
不知大體意氣太盛便涉多事兄里居時直言相勸刻刻
以清涼散一劑用冷水一杯服之然氣稍平其黨諸君子謹
飭者畏事勤敏者又好事此得二三友人時左右之便有稍
縱即遊之處人才之難得如此陶堂爽直有過人之才若
肯俯順人情迺其美矣賢父母近以禁山一案狂悖紳士屢

西古鉩 卷廿六 十八葉
作舉辭二

有書來都門風氣爲一新聞互相傳告渠同年中頗以康申試事紛怒未息近因此事益揚其波顯斥以爲肅黨甚有讒愬言官議及自簡鄙人點爲維持力辯其心術無他未可有爲衆論少緩然未能渙然冰釋也吳興尚書亦有祖墓在天平左右聞亦未免介意風水之説兄所不信而同鄉諸公沾沾於此殊不可解繹之陶當稍就和平即不爲衆議所排今冬若能他調或不致有後慮耳兄自文安歸在京度夏亦不得閒本擬俟秋涼後再往籌賑即以前存銀米酌量分給了此一

鱓三

鐘

再閱

貴署徵收局處兩席有余親陸硯田林岳和平精細

前在敝署司帳，因送眷南歸，賦閒在家，其結實可

素為親友中難得之人，如

尊處本須添請幕友則甚妙，否則

屬員中有可

推薦之處，心感無既。大徵謹又啟

如有機緣，就近關照，舍弟處為感

己未菊秋

松竹齋摹古

五〇九三八

荓平宮保年伯大人閣下印若
舍人昨晚來關奉到廿二日
手教所
論關外空虛不敷分布情形極為
可慮昨得錦州來電傳由平安洋
渡來與我軍接仗未知勝負如何

此次大鳥忽往龍川調度（在義州之南）知其別有詭計，彼必窺我鴨綠江口西邊海岸無人防守，故不由上游偷渡，而從下游繞越。祝帥兵單，九連城腹背受敵，所調劉蔣之軍赴援不能速達，蔣由陸行，今始撥隊其氣甚餒此外別無可調之營奉防如此豈可恃為長城敝部僅到四營冒險航海劉鎮樹元親遇倭船盤詰兩時之久告以天津鐵路所雇夫工役船六七艘有一大員書了字條云此船可疑姑准放行湘軍

此來遇險不險事機尚順或亦忠信
涉波濤之一證與以後余魏無楚學均
由清江北上恐須冬月中到齊届時
外洋所購槍礮亦可運到連鄂軍
計之合成三十餘營可與一戰手復敬請
台安 姪大澂頓首 九月廿八日

叔平宮保年伯大人閣下疊奉

兩緘坿呈戰法陣圖當蒙

鑒及今午接　合肥相國來電大鳥一

軍擬由旅順來攻山海關頃已將布

置情形電奏仰慰

宸厪如果來撲當率各軍與之力戰決

不能如旅順之紛之潰退諸將皆言宜
定賞罰設有懦將私逃大澂當以軍
法從事斷不爲之掩飾
朝廷或慮兵單董提督福祥誠樸忠勇若
派來關協助必可得力不敢請耳蒙
慈聖須賜

御書大壽字袍褂帽緯等物理應具摺
叩謝
天恩特命撥行文摺弁帶呈伏乞
鑒察敬請
籌安　姪大澂頓首　冬月初五日

魏午莊方伯面稱六營之外尚有銳勇數百人敝部四營
無有精壯長夫願當勇者擬即奏請合成兩營營之交曾重伯統帶
誠如尊論曠世軼材他日必為名將繩其祖武毅武員必更得力

近接袁慰庭來信抄呈
台覽前敵各軍致敗之由歷歷如繪
猶曰非戰之罪其誰信之前函所述
鎮遠自焚尚係謠傳現待修理一時
未能出海耳逃將至煙台恐難掩飾
都中見聞必有確實消息也 姪文啓

將平宮保年伯大人閣下前復一緘并呈平倭戰法一冊由郵亭轉呈當蒙

鑒及茲呈湘軍行陣圖每營繪發一幅令其平日照此操演臨陣不致慌張此即參用泰西戰法去其煩瑣

取其簡明一變從前湘將衝鋒陷陣之成見乞

賜教誨近來仍有用馬隊包抄之說此最誤事不知快槍擊步隊百里未必能中擊馬隊二里無不中者此大徵細心攷究知之甚詳且馬隊多聚一簇必

大喫虧唐元圃吳儀堂多勸大澂添練馬隊一營置之而已旅順之失將領逃散衛汝成棄軍而逃煙台大約早雇民船預備一走其情可恨鎮遠自焚尤為奇事叩管帶刻扣衆情不服與船何尤乎助敵請籌安 姪 大澂 頓首 冬月初三日

以數百萬金購備鐵艦付之一炬從此海軍不復振矣他船若皆效尤豈不寒心

遞將第煙台見之劉薌林電報李鑑
帥必知之鎮遠焚燬未知如何奏報昨
晚成山東電倭有六大船二雷艇南駛其
意必將以全力攻威海燬我水師幸北
洋封凍在即海防漸鬆鐵輔可保無虞
但望奉軍協力保守遼瀋明春必有轉機

擬濬一事當督營勇儘力圖之第土脈凍堅不能施工而止大澂向不畏難也

升平宫保年伯大人閣下：七日摺
弁回關，奉到初九日
手教，過蒙
垂愛，誘掖獎勸，且感且慚。旅順
不守，畿防更形喫重。幸封河伊
邇，十日以後海防漸鬆，只須扼守山

海關一路倭兵不能飛渡北門管鑰責無旁貸前陳一疏藉以上慰
宸廑非敢輕視敵兵若統兵大員人人以危言悚聽動謂兵單械少戰事毫無把握
朝廷何所恃以無恐又何所賴以禦敵乎

可為浩歎伏念

皇太后聖德如天

皇上善繼善述畿輔重地必無意外之虞

若如前敵之望風而靡幾疑中國無

一能戰之將

國家無可倚重之臣宜為漢納根所

竊笑也大澂日督諸將認真演練槍礮準頭破除從前劉髮劉捻之成見此訓練中根本工夫倭用陰謀不能不以奇計敵之戰法一卷增呈台覽不足為外人道也手賜敬請

籌安 姪大澂頓首 十月廿九日

大雪以後敬郭分軍陸續到來須勤操兩月方可稍有把握

州平宮保年伯大人閣下：印若回京，帶奉寸緘，當邀鑒及。香翁來電，吳元愷統帶礮隊四營已奉電旨歸徽處調遣，并鐵字新舊十營，合魏、余、劉、譚二十八營，共成四十二營，計冬月均可到齊每月需糧八千石派員在蕪湖購米二萬四千石已運八千石到滬此外購馬購騾每營有馱騾五千頭行軍較為便捷即令在長夫價銀內騰出喂養不另支正款惟購騾不易購車另備大車五十輛以資轉運臨時添雇不致延誤製衣備皮衣南勇北來須給皮衣約需二萬餘件此事亦難猝辦均為一一布置愧無陶都督綜核之才未能事事精密也所

眙前敵各軍支持兩三月撤部新勇
訓練得法屆時軍械亦可由外洋運
到當與倭人決一勝負鄙意後路站穩
得步進步小勝勿追小敗勿退諸將同
心免蹈覆轍當時湘軍氣弱以淮軍
濟之此皆淮軍之氣衰又當以湘軍振之

似然清長循環之理，特惠鄙人看曾
胡之志，無曾胡之才耳。軍械由輪
船密運到沽，幸托
庇無恙。日內當督率弁勇勤加操演，以
備不虞。宋帥退鳳城，尚無續報。手此，敬請
台安。姻大澂頓首。十月初四日
十六日手教昨始由津寄到，餉銀已於月朔到津。

对平宮保年伯大人閣下：在津泐布寸緘，當邀鑒及。姪於月朔行抵白門，與香帥悤悤一晤，知和議尚須候旨，俄英各國均有異言，倘能議減賠

款少割海疆与吾華不無裨益中
原財力祇有此數即籌借洋款一時
亦未能就緒若本年須繳數千萬
金譚何容易不知
大司農有何良策也　媿於浴佛日

到湘接印鄉民望澤孔殷明後日
印須禱雨但望二麥豐收人心稍
定會匪已有蠢動之機前月廿夜
有匪徒數十人入定湘王之廟毁其神
像甯鄉縣城隍亦有被毁之案今

獲匪黨供係黃陂孝感縣人其教
名為陽教似与白蓮教相類匪首
當在荊襄一帶其意欲勾引湘中
會匪聯為一氣不可不嚴加防範如
面諭各營將官查營勇如有鄂勇

混入湘營冒稱湘籍者概行驅逐前
領部款續購槍礮擬候洋商運滬
酌運回湘爲看守門户之計湘中舊
存槍械甚數帶出關外設有不虞
萑苻以應此時湘鄂防營不能不

力加整頓外患内憂互相倚伏不敢
保其無事也 姬甫經入署即有悼亡
之戚 内人扶病同行本極勉强三十年
患難夫婦不忍久離生死似有定所 手肅敬請
鈞安 年愚姪吳大澂頓首 四月初十日

艸平宮保年伯大人閣下：闈事歷碌，竭蹶不遑，久未肅緘上啟起居。勝之太史寄示闈墨，清真雅正，於理境題中不落陳腐。歷觀各省寄到闈墨，當推首善，其次則河南、陝西，必有讀書明理之士出於中，想見

焚香選卷謁意搜羅
得士有慶敬佩曷任湘中取材不拘
一格大半績學之士校經書院肄業
諸生中亞十五名亦云極盛湘士近來於
漢學門逕漸開大都以才氣勝而收束
身心躬行實踐尚須鞭辟近裏著己

庶可以學斂才才斂而學益純大澂擬以胡雲閣先生弟子箴言進諸生而訓勉之似與當日曾胡羅李諸名臣根底之學不相背謬或可造就一二人才長者以為然否手肅叩賀歲禧不具　年愚姪吳大澂頓首　冬月既望

七〇〇八六

大兄大人尊前六月廿三日曾寄一書計早
鑒及廿九日接到六月初四日
手緘知由振之處寄去鹿茸虎骨膠均
已達到　弟自四月下旬由三岔口回塔後並
未他往振之此信當係夏初所發也運翁
出處與弟累同先後十年屈指可數若循

癸酉考差之例八月朔日必有喜音 安圃
伯潛已爲驊騮開道矣孝達中丞保舉人
才五十餘人未免過雜武將更不足恃亦詳
加考察不知其優絀治軍之難尤非吏治可
比即老於軍事者亦多茫然不知也廣中上下
均安堪以告慰 手復 敬叩 福安 弟大澂頓首
七月十四日

連月不出門一切用度較省每月公費四五有
盈餘特屬念劬匯去漕平銀叁百兩稍資
挹注乞
收入冬間喜用家再另籌寄去可也接
小坪曾炳祖信悉法推轂擬在上海轉運局
位置一席月支薪水洋八元由念劬寄蘇接濟之

大兄大人如晤：四月二十日在三原肅布一緘，五月十三日復寄一函，未知何時達覽。十七日接奉四月十七日手書，知有惠山之游，與左相作半日之譚，其樸誠懇摯，可想見古大臣之風度。弟自去夏至今，久未通書，左老於酬應筆墨不甚講究

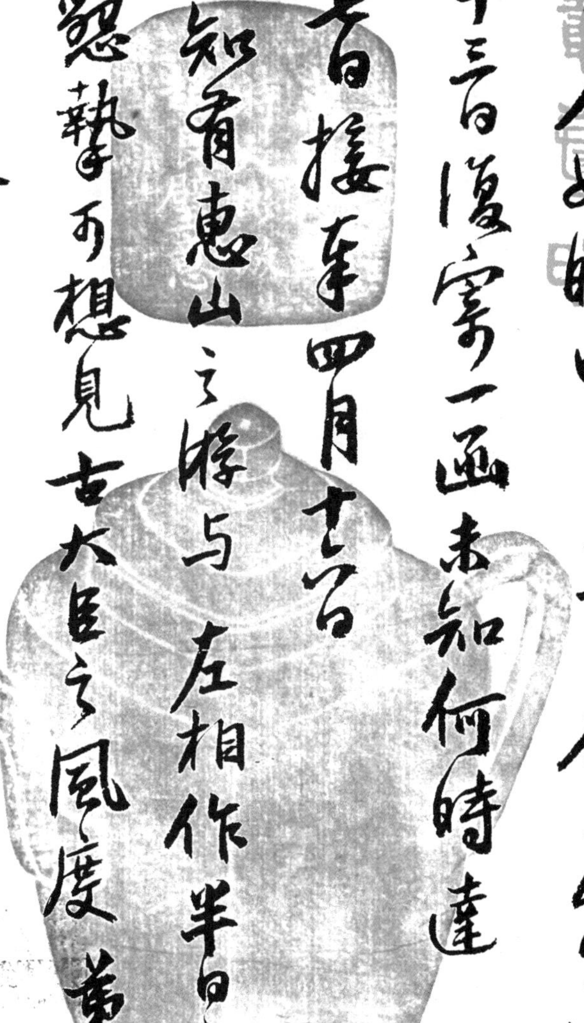

想不見怪也。海帆肯鄂中之行，未免悵悵，第處時艱，早來撫印，委辦營務轉運事宜，以佐子卿調度。揮素充當營官，武弁中得力之才尤不易得。揮防營務尚難愜心，須力加整頓也。嘉堂喜事已函致仲山，屬其早定。今年用度較繁，必當籌款陸續接濟。昨交領餉委員帶去吉省

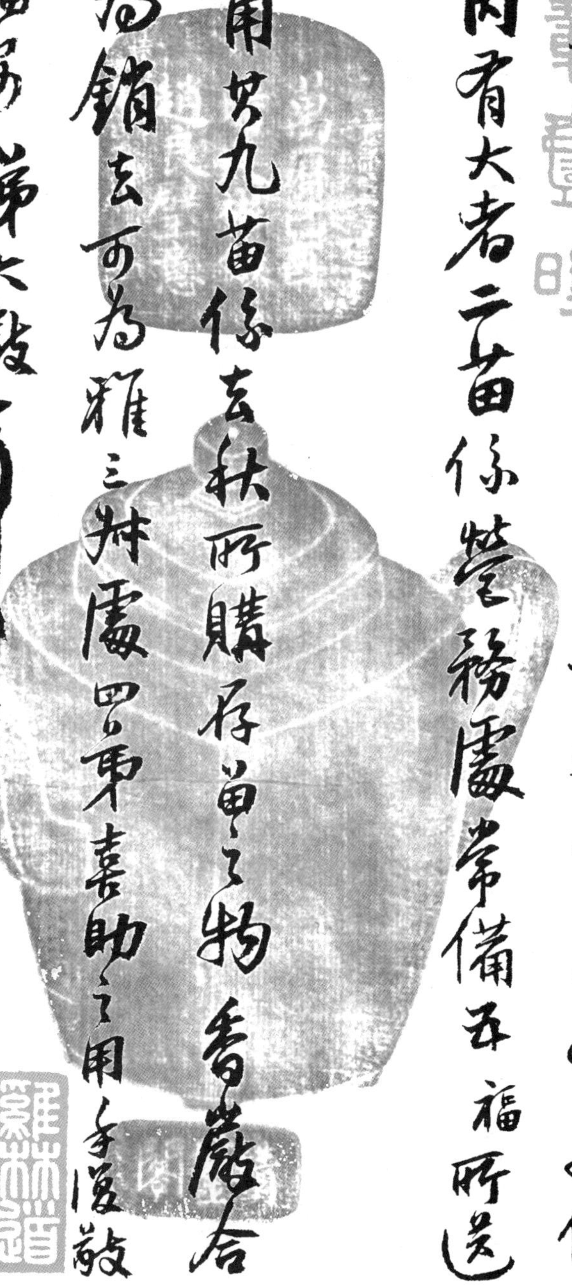

十一苗不及二兩，屬運齋由京轉寄，當有妥便可帶。內有大者二苗，係營務處常備弁 福所送，可請
母親留用。其九苗係去秋所購存留之物，香嚴合用，即為銷去。可為雅二姊處四弟喜助之用。手復敬請
福安。弟大澂頓首　五月廿六日

竹挖耳、清息子此間無從購覓，乞於信中封寄一二個。

大兄大人如手前月初九日曾寄一緘由天津道飾送
阜康轉寄計可速達廿四日由緝庭家信内遞到七月
初九日
手書藉悉一切俄事尚無動靜吉林各路布置甚有
頭緒孝侯於八月十八日到省廿六啟程來姓重陽後必可
圖晤弟俟孝侯到此將營中經手事交代清楚之後
即擬旋省三姓地氣甚寒九月初已見冰雪與南中
臘月氣候若至隆冬封江以後恐不能耐此苦寒吉省

天氣當與都門不相上下也。春林辦事勤幹，派去琿春
郭副將處當一營官，未知能否勝任。萬與　易帥高定
營規略仿直隸練軍章程，營官薪水每月五十金，當
有長夫價十名，每月三十金，又公費每月百金，一年應換旗
幟號褂及文案書識人薪，亦可敷用。若差々于限費薪水
一項總可不用。此間則無酬應，一切大可撙節。春林才具不
甚開展，人尚老實，不致僨事。琿春起練新軍，信形艱
苦，並無出色將才可用，備員承乏，亦適逢其會。或領隊

自有一定耳。吉省派定三統領：以孝侯為三姓五營統領，以副將郭長雲為琿春四營統領，以副將劉超佩孝侯同來為甯古塔三營統領，均尚得人。各營營官強半湘淮之選，參用旗員數人，一切布置，第與　吳帥意見相同，不分畛域，將來吉林各路防軍必可練成勁旅，屹然為東北雄鎮矣。此外地方事宜，亦有數端可作久遠之圖，擬此數月內畧為經畫，亦可不虛此行。手泐，敬請

福安。弟大澂頓首

雨香府君碑記容後寄上

九月初四日三姓行營泐

大兄大人如晤：五月初十、二十、廿四疊寄各函，計已先後達
覽。日久未接
手書，殊以為念。想由他處轉寄，未免稽延耳。此間布置邊防，
甫有頭緒，前月奏請添練馬步五營，增撥餉銀二十萬兩，已於
初十日奉到
寄諭：着照所議辦理。所請添撥餉銀二十萬兩，並先撥銀八萬兩之
處，着户部速議具奏。欽此。惟派員赴京領餉往返總須三月，第
一批請領之十萬兩及天津所撥軍火須七月望間方可領回。應

募各營急切尚難挑練餉銀或可挪借軍械則一無所有夏令雨多道途泥濘轉運尤為費力有緩不濟急之勢鏡庭已於月朔到吉 將軍派令總理稽查荒地無日不見現又委赴三姓一帶相度地勢設立水關以阻輪船上駛之路定於廿日出省矣弟須俟李倦到來方可前赴甯古塔琿春各處周覽形勢計七月中出省九月可回屆時俄人議約必有眉目防務或可稍鬆也 三弟來信擬於七月中南歸以後家書仍寄天津由合肥加封轉遞最妥手肅敬請

福安 弟大澂頓首

六月十八日

前託日昇昌匯寄家用每月壹百二十金可作四月底截止

五月以後即由念劬處寄去如蘇市有可就近劃用之處

望與念劬商之弟由此間陸續寄還阜康可也許宏如

未動身即屬不必前來公事皆簡僕人了無出息每月自給

數金現有六人儘可供役出門則有親兵隊無須多帶僕

從矣振之亦可不來無事可辦一概差委人員均須奏調方

可支領薪水與他省迥不同也

妻妹亦由阜康按月寄銀十兩五月分起望為飭送文表信一封一併附上

大兄大人如晤前接
手書適怱怱出京未即裁答頃由都寓遞來初五日
復函藉悉一切前因寓屋東鄰有枯樹煞氣甚動重又
遷赴津後　弟歸未免牽掛無以解悶柳門之意屬與
同居騰出東西兩廂房六間亦可容膝並遷於初八日移至柳門
處　弟即於十五日出京十八到津現將山西各帳目逐一清理
造具報銷冊提於月內一齊送出月朔即可回京　伯相今日
旋節保陽文到洛文屬於年內引

見弟百事心灰功名置諸度外惟思行動未定不京不外之官總非了局不如引見後姑候朝命何如再定出處年前恐不出京奔走一年尚須休息數月幸身子較勝於夏秋眠食無恙堪以告慰芸皋之事合肥不肯入奏便中乞先復之弟碌碌鮮暇未及作答也手此敬請

福安 弟大澂頓首

十月廿六日燈下天津通義店泐

香巖處收照八紙乞即
轉交尚有海帆經手之二千已由　荀翁取去據　荀翁云
香巖有信允助鼓菊初捐款二竿想不誤也　雲孫前輩
信一封收照十紙望交運齋轉交可憑此照核收亦可送
人聽其自便有此交代經手人可不管矣　曉滄姊寄去百
金知已達到今年醫藥之費必有虧累兄弟各有磨折亦不可解或以為交運脫運世言亦不足信　弟處之七款可寄
心甚歉然去年存項無所用之望即儘數提用不必再留以過
且過不能為久遠計也　弟大澂又布

大兄大人如晤：昨晚接三弟來書，驚悉

五妹之變，未知何病，殊深愴悼。開弔定於何日，

當屬念劬代送奠敬百金。今年在津酬應較繁，

有應接不暇之勢。前奉

寄諭，忽有赴粵幫辦之

命，海口早凍，如何迅達？幸接第二次

諭旨，毋庸前往矣。廿七來津，今日即回，匆匆手肅，敬叩

福安。弟大澂（押）

臘月朔日

大兄大人如晤：前月在津曾布一緘，計已達
覽。日前由京匯到三月十三日
手書，藉悉種種。
母親大人偶患眼疾，氣分不舒，現服補劑，尚未能飲食照常，
想因桂林姪患病，心緒焦急之故。昨接念劬信，知桂林已請
馬培之診視，云係骨疽，兩月可散，諒名醫必有把握。然亟
數月之久，身子必弱，須格外調補，服藥尤不可不慎。以桂林之
忠厚篤實，群從中最為可愛，將來必有福澤，此時宜培養結

實病後健飯氣體必更充足矣
兄年勿過慮亟要亟禱五妹幼時每患流注日服陽和湯
貼陽和膏自然銷去不知此時所服何藥便中
示及以慰懸系運齋与　中丞同赴金陵夏前未必能歸弟
因　荃相
奏派贊辦河間賑務一時未得南旋約須秋初諸事方可進
京再行乞假送眷回里也河間各屬以交河阜城獻縣景州
東光為最苦阜城尤甚与山西之鳳台不相上下流亡出外者

房屋大半拆毁器具木料與薪同價殊覺可憐弟自前月廿七由津啓程廿九至任邱初二至河間郡城初六至獻縣初九至交河十二來阜城明日擬赴景州趁此天氣尚不甚熱至各屬周歷一次以後即擬常住阜城係各處適中之地呼應較靈若在府城相距稍遠殊多隔膜也弟所帶友人皆留澤州此次未招一友除車馬外費用較省所有查户放錢諸事皆李秋亭手經理弟不過隨時籌畫而已手此敬請

福安 弟大澂頓首

四月十四日阜城南關泐

去年所收捐款 弟均已造報香嚴八竿未為隱名如須移獎子弟親戚可為代辦係照津捐舊章減四成遞減二成之例以實銀四十八兩作例銀百兩易於核算如晤香嚴乞告之惟花翎藍翎不能以捐款作抵仍須現銀也 璞臣一病四十餘日近稍痊可元氣大虧聞尚未能銷假曉滄姊壻理河防同知稍可活動此時做官但求不賠而已

大兄大人如晤前月文階叙卿帶去一緘
恐途中為風雪所阻到家未必能早厚甫
處接訥士來書知前月
新得孫女花為果允姪婦產後平安可喜可
賀吾
兄今冬想仍進服補劑
精神必臻強健總以養靜節勞為貴歲
暮新年尤宜謝絕應酬優游自適世

閒一切是非煩惱皆可不聞不問也弟到任四月於地方有益之事見到即辦之急即了事雖多而不甚勞心近已頭頭是道上下相孚無一為難之事無一辦不成之事可謂政順民和矣畧舉數端開單奉覽耳兄聞之其亦欣然一笑乎手此敬賀年禧 弟大澂頓首 臘月十日

請江被火灾難民除善後局照例撫卹外按户

加給錢二百八十餘千　自捐

江蘇會館嫠婦八十名因經費不敷只有二十名

每月一千二百文續添又六十名每月僅給六百文

現在加給六百文以歸一律每月捐錢三十六千　自捐

孝廉書院及嶽麓城南求忠三書院加給膏

火一倍每年籌銀四千餘兩

添設課吏館候補中無差委者月考一次

同通州縣額取四十名每名十兩佐雜額取六十名每名五兩每年籌款八千四百兩本年已課四個月因同通州縣与考者不及四十人是以佐雜七十名亦九十名無一不取以示鼓厲

創建保節堂留養嫠婦一百四十人土木之工約費五千餘兩年內竣工正初即可開堂籌款四千兩勸捐已有三千數百兩捐銀二百兩者給匾四字

創建百善堂已購地基約可蓋屋四百餘間以一半住嫠婦因嫠婦報名者已有一百八十餘名保節堂為不能容歸入百善堂以一半住孤

免分設義學及施藥借字掩埋各善舉

明年正月興工需款萬餘金由釐局籌撥

創建招賢館藉借荷池精舍俟購定地址再

行起建須有經濟學問真實本領者延入招賢館恐不多得耳

津貼京員經費翰林每人五十兩內閣四十兩部

曹三十兩本年籌寄銀三千五百兩定為年例

各營長夫光緒十三年全行裁撤因此防營

缺額甚多現經 奏准復設一半長夫將

十三年節省解部之一萬九千兩留於本省

同仁普濟堂經費不敷每月由善後局撥銀二十兩

樂善堂經費不敷每月由善後局撥銀二十兩

卹無告堂經費甚裕辦理不得其人另爲延

請公正紳士四人每季輪流經管衆情悅服

浙江會館矜恤堂經費不敷代爲函懇臺灣

邵小村中丞慨捐鉅款尚無回信

鎮江府賑濟籌解銀三千兩內自捐二百兩

自製棉衣褲四十套散給貧民本擬製一百套適因年内用度竭蹶力有不逮耳

以上各款凡恤士恤吏恤兵恤孤寡諸大端皆爲籌定常年款項又爲歷任所未辦湘中士民以爲耳目一新矣京員津貼創自鄂省去年新例湘省繼之他省尚未籌及課吏館則湘中創始傳播鄂省亦踵而行之聞於冬月十六日開考矣

厚夫到家想不過十餘日即須來湘望

屬訥士代購食物及湖筆等件交厚夫帶來

大東陽火腿上等者八條 用簍細好

鳳魚二小罈

楊二林堂二紫八羊毫廿枝

三老太太處如有玫瑰印子糖果乞少許

去年所寄鹹冬菜甚佳荷卿動身時乞惠一罈

狀海清中秋節仍送十六元乞訥士執付

鄭盦師敘文已領到看後書件乞
轉交育嬰堂碑可請善書者書之葠
枝已購數兩總到津後索者要多已留
出十餘苗看便寄去 運齋想未出京也

寶齋大兄足下去臘接誦
來書適在都中
陛見歲暮回津匆匆未及作答承
示透光鏡現在磨工頗不易得此不甚要緊之事
遇有佳者再論大小乞為留下未經磨亮之海馬蒲萄
鏡敝處所收甚多不必寄也正月中由津啟程來吉
查勘邊界五月內即可旋津今春得銅印五百餘紐
亦一大觀也手復即頌
台祺
篆書論語已寫畢寄滬石印四月可竣工也
愙齋手泐
三月十八日吉林琿春城泐

寅齋大兄足下前由日昇昌寄到五月十
一日
手書承
寄秦權拓本謝謝三月内所寄千歲萬歲
瓦二種始建國四年瓦二種居室殘瓦片下
郵丞印泥封漢銅印十二方子母印一方已於

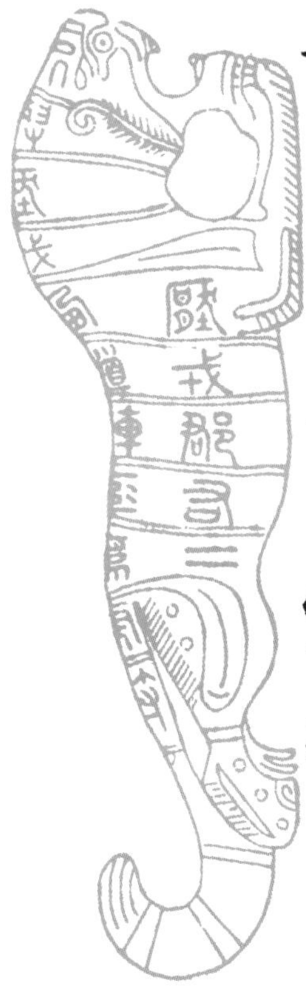

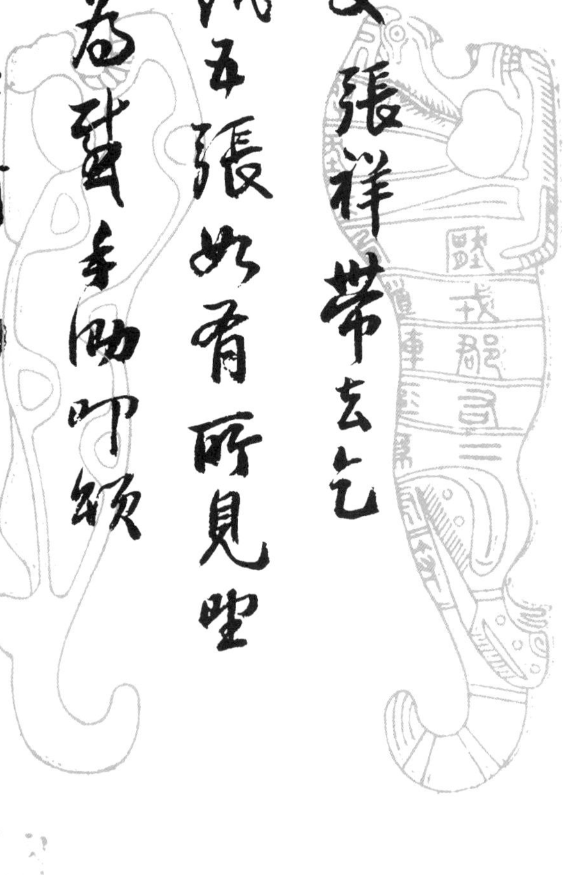

九月初旬寄到吉林省城費
神之函
屬題權拓即交張祥帶去乞
察收附上綿連紙五張如有所見望
代留拓本寄示為感手此即頌
台祺
愙齋頓首
冬月廿五日

寅斋大兄足下：三月廿四日肃復一缄，遞至粮道署，由毛子静转交，计四月中必可达到。兹托吉林粟號源升庆滙去银五十两，由都中日升昌转滙西安。此间滙京费已付讫，由京滙陕之费即属日升昌於原平内扣算。大约吉省较陕西公议平（市平）略为大，滙费所用无几也。手此，即问

近祉

三月廿五日　大澂手肃

以後寄信由日升昌交源升庆最妥。

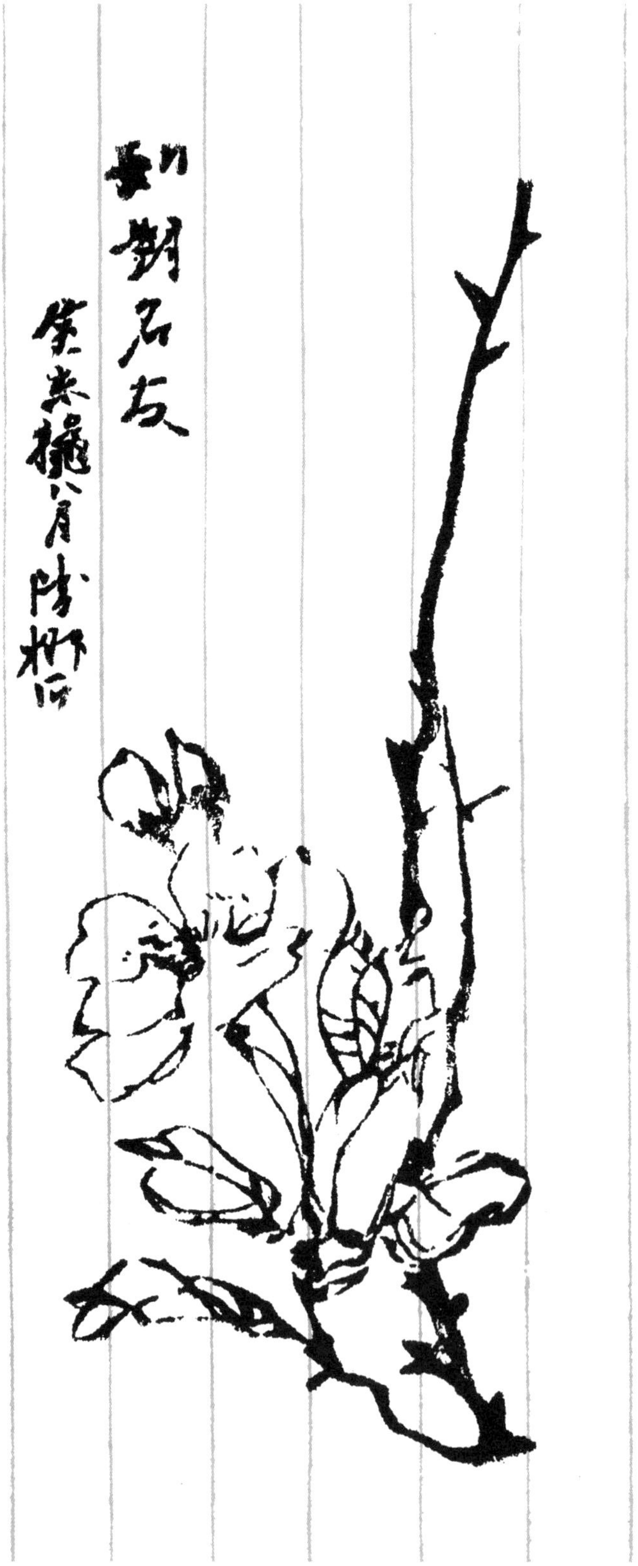

賓齋大兄足下前月所復一緘計已達
覽所懇
代留漢印作價毛詩一部又吾
兄所贈各種如日昇昌號內信是可以託帶
分作數起每次帶印三四十方想無不可照與
渠另為匯之蘇託日昇昌號匯去銀四百兩即乞
查收手此順候　近祉　愙齋頓首
八月廿二日

送古瓦瓶费

神觅人代为刻瓦质甚坚自刻恐费力想碑
林必有刻字人也刻就并乞
饬匠制一胡桃木匣并配座子由须送主孝洪同
年也至
兄如须属写对联一两日内交下当可代书此颂
宝斋大兄大人刻佳　弟大澂顿首　十月十日
刻字能于十日内刻好并乞懽懷

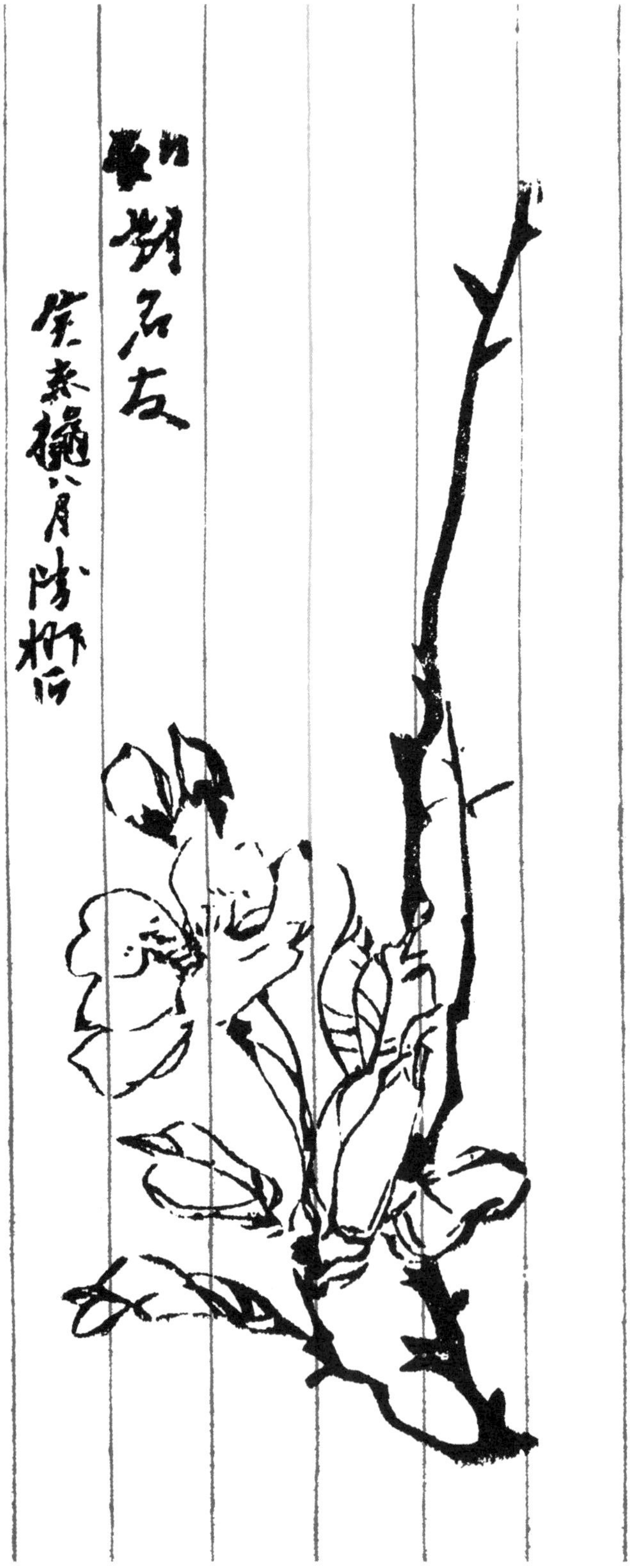
癸未穐八月

實齋大兄閣下前月由渭南縣
轉寄六月廿八日
手書不過十餘日即到知有六月十六日
一函並有韓繼雲書交與日昇昌至今
杳無信息即使西票號由山西轉寄何至
兩月有餘尚未寄到而所

在天氣暢晴道塗不致阻滯何不
僱一驢馱玉件並不甚重只要有伴
同幫或有貨車附便東來較為放
心古玉藥鑪不論玉質好壞仍乞
代收九十月後或由此間專差往取亦可即頌
秋祺 憲齋手泐 八月十七日

麗舟
義堂兩兄足下：接誦
來函並罗騾細單，均悉。下點驗騾馬
五十匹，均尚可用，價亦合算，不妨多購一
二百匹。已屬支應局再寄銀二千兩，計
月初必可送到錦州。如有採買大車，可

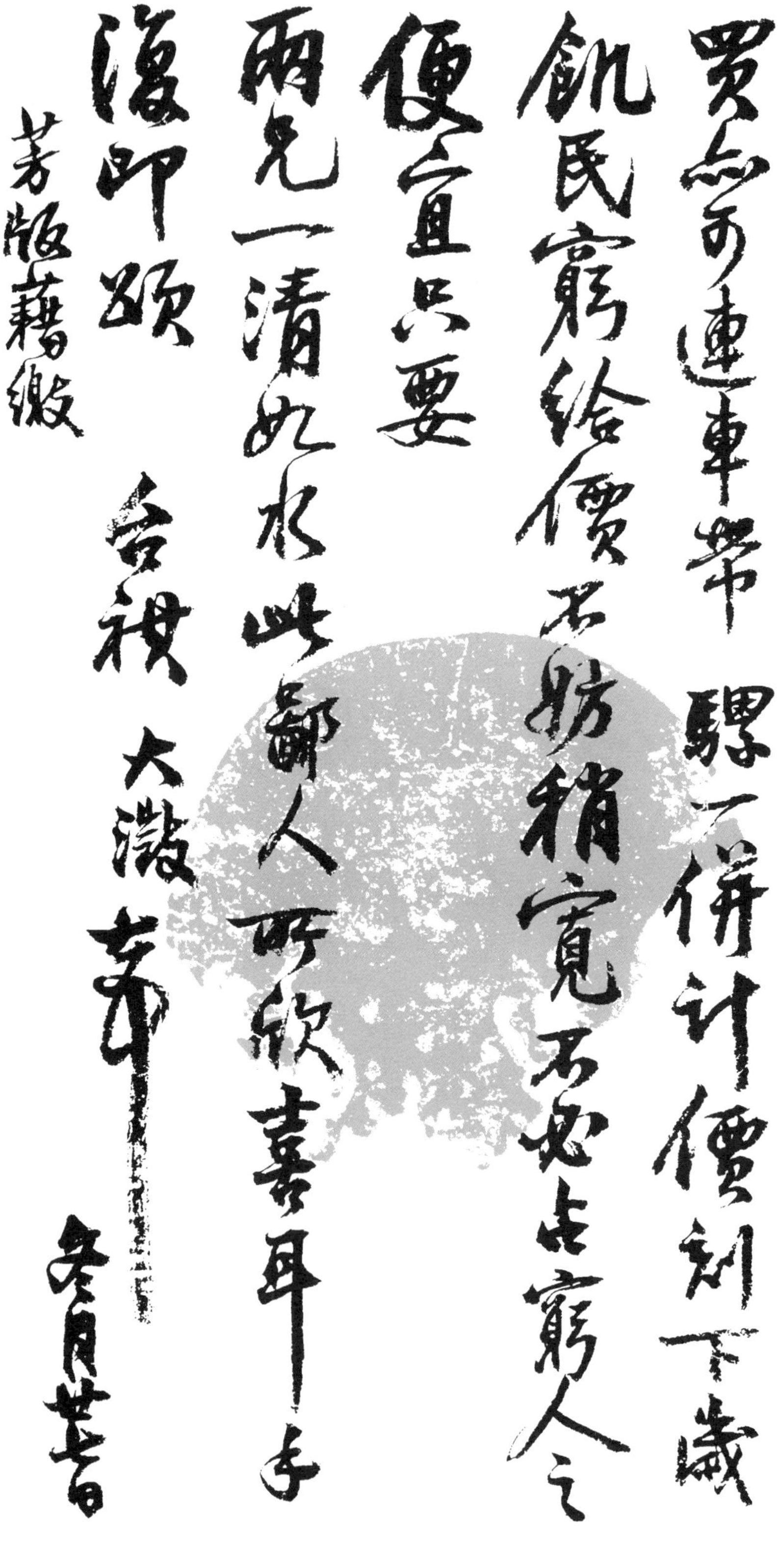
買亦可連車帶 驛一併計價剋下歲
飢民窮給價不妨稍寬不必占窮人之
便宜只要
兩兄一清如水此鄙人所欲喜耳 手
復即頌
台祺 大澂

前接

手書，適悉一一。文卿清理積牘，未即裁答

爲歉。令伯午橋兄久未通函，調署井陘

歲豐人和，當可不致賠累。弟奉

命幫辦吉林事宜，任重材輇，實深兢惕，兹於

三月朔日交代，進省，看來京預備

召見也。

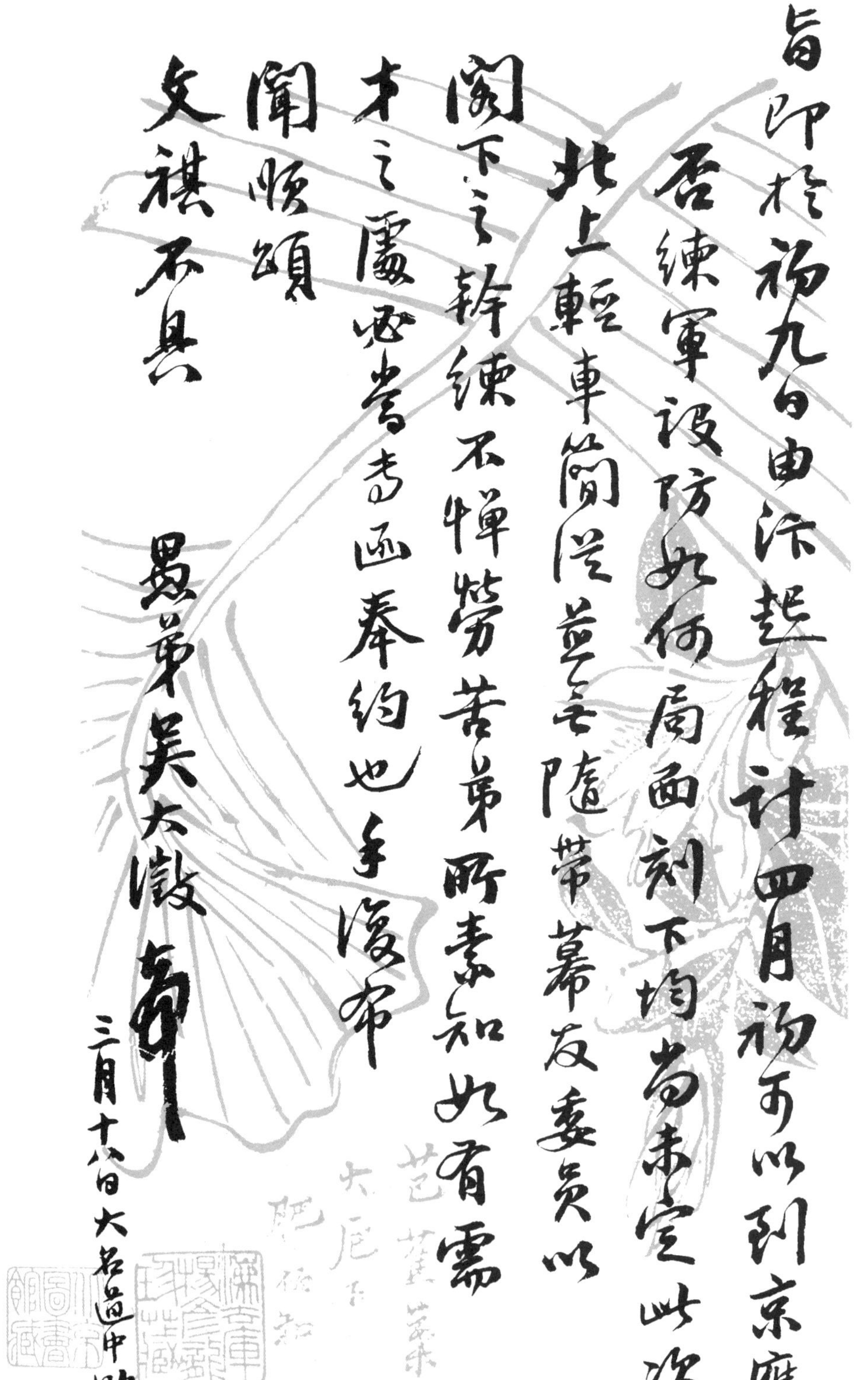

旨即於初九日由滬起程計四月初可以到京應
否練軍設防如何局面刻下均尚未定此次
北上輕車簡從並無隨帶幕友委員以
閣下之幹練不憚勞苦弟所素知如有需
才之處必當專函奉約也手復布
閣順頌
文祺不具

愚弟吳大澂頓首

三月十八日大名道中泐

孝達老前輩親家大人閣下
新年寄呈六藝論一幅二月
中曾奉一緘當已先後達
覽每閱邸鈔拜讀
大疏敬仰

九五二一八

以忠為
國美政日新潮橋鹽務改章
具見
苦心整理妥用周令福昌必有
成效可觀得人則理敬〻佩〻

鄭工善後即以上年工款所餘六十餘萬從容布置不致竭蹶並未續請撥款此侍之心謹飭不敢鋪張亦可概見而測繪河圖樞府猶以爲多

事蓋因閭鄉亟利津不盡
為何臣所轄合而為一已覺越
俎矣此事所費者薪水而薪水
不開公款部中不能遙制沿

河淵量跋涉勞苦事後仍擬擇尤酌保侍但論事之應辦與否毀譽固所不計即去就亦本無常也二月中旬偶得

古玉一事案定爲周之鎮圭正
合天子圭中必當讀柲穿也形制与各相類皆有穿故工尹
路剝圭以爲戚柲乃改圭爲戚也
柲上終葵首之制世俗
多以藥鏟稱之暇時繙閱周禮
典瑞玉人及禮記玉藻明堂位毛

傳云雜佩蔥珩觿韘琫珌諸

以人所見所藏皆有碻據恍然知釭

頭即黃琮（說文明言似車釭）璧鬚即珩璜

鼻塞即瑱璧臍即弁璂昭文

帶即鞘之佩璲之璲陸續訪購

得鎮圭尺二寸大圭即搢珽長不及三尺可佩於紳帶之間者琬圭圓首無鋒鍔者穀圭十二器宏璧度尺二寸者夷玉醫無閭之珣玕琪大琮十有二寸是謂內鎮宗后守之組琮外有捷盧如鋸齒玉敦玉璣璧散璧角玉觶向所罕見觶即角也三代之瑞玉寶器薈萃於一室所最奇者牙

璋及璿璣耳　古籀之文字可攷金石家多不留意從事小學詁訓者又苦於寡見少於實事求是如戴東原之攷工小記肌造一圖以爲黃琮殊不足據而

錢獻之刻知今之釭頭爲古琮也茲謁兩月之力編成古玉圖攷一卷自愧筆墨庸陋無與於著作之林本不欲出而問世適有同好慫恿寄滬付之石印

夏秋之交當可訖成我
公必以先睹為快也陶呈屏幅
四紙僅擇圭璋璧琮大器
數種藉供
賞鑒乞

教之測繪各員尚未到東由銅瓦廂至歷下一段分派粵員往測歷下至海口滬局員生任其役銅瓦廂以上則閩廠之[illegible][illegible]員合力為之因津員無測器之人[illegible]酌辦請

勛安　侍大澂頓首

五月初四日

外說文古籀補一部孝經四本篆對二聯石印篆
屏六幅摺扇一握龍虎二大字

陳大老爺祜曾甫台啓

祜曾世大兄大人閣下：今春在京眾泐布一緘，奉唁孝思，並寄輓聯一副，諒早登覽。敬想廬居讀禮，履候清綏，定如所頌。弟与

令祖大人金石神交性情契洽不圖
老成凋謝一面緣慳以後古文字攷訂
之學無可就正展讀
遺書時深掛榻掛琴之感
尊齋藏印編次未成為
令祖生平憾事前接 舍親汪柳門學

使来書述及吾兄善承先志有繩武之思並因敝處曾寄三百金撥俟印譜編纂惠寄數部且感且佩第思印本有八千餘方卷帙繁多檢點亦非易易特屬尹伯圜兄躬詣

清齋与吾
兄相助爲理易於集事如
令祖在日有手編目錄即可按照原目
分别先後時代官私各印尤爲精審
伯圜博雅好古心細不浮又能手拓吉
金文字可與陳粟園並駕齊驅

尊藏毛公鼎為海內至寶弟處尚無
精拓本曾得一舊本為墨所汙缺失二十餘字擬屬伯圜手拓
兩分帶下為他日編刻彝器款識之助
想必
慨然允許也附呈拙刻說文古籀補一
部石印孝經四本邠風篆屏六幅

拙篆楹聯二副 摺扇一握 龍伯二字
均交伯圖兄帶上 即乞
晒存 古鉢拓紙條奉看 朱墨二拓者求
惠下分為感 手此敬頌
秋祉不宣 愚弟吳大澂頓首 八月廿日
令妹前均祈 道候大歸未知乞 開示

鄦子妝簠　妝與藏疑古文通用藏从臣戕聲說文訓善也妝从女牀省聲訓飾也从臣从女猶男曰童女曰妾之意疑古文妝字亦从戕省牀當即藏字

虢姊簠　此器當亦秦中出土與敟藏虢仲敦爲同時

齊太宰歸父⿰女戔盤　□□筠清館金文釋作受命非是當是霝命叚霝爲令也頌敦霝冬可證

陵子盤　首一字似非陵字疑爲古文陶字从勹从□當即缶之省第五字□與首字同省去卜旁

頌敦蓋　字稍弱所見頌鼎頌敦拓本多類此

⿱亼母父乙卯婦⿰囟女敦　文極可愛敦底亦作⿱亼母尤爲僅見以字體言之⿱亼母似每字鄙意凡彝器首一字末一字有不可識者文義多不相屬猶宋元之後書押之類不可强解也父乙二字連屬卯字當屬下

伯雝父敦

曩見歙肆有一鼎与此敦畧同文曰隹十又一月師雝父省衜至于㝬㝬從其父蔑曆易金對揚其父休用乍寶鼎共六行三十一字每行五字首行六字上截三字均尚完好下截二字為紅緑所掩經俗手剔肥却非偽作想至今尚在也字體亦与是敦類

師害父敦

𠬝疑殷字古文 吉叩紹 首一字疑葉

又一器 同文

紀侯敦

甶下从人从兀窑下从人貝疑周末文字漸与小篆相近

格伯敦

此器各字譬𥃰字疑有剔肥處

小子師敦

首二字用日干不識年月者疑皆商制或周初器大澂所得乙亥方鼎与此亦相類字體古勁雖短畫筆力甚遒可寶也

陳侯[illegible] 此下一字漫漶不可識

褱鼎 春秋時各國文字風氣不同是鼎与格伯作晉姬敼臤虎作[illegible][illegible]匜疑皆晉器

屖伯魚父鼎

巳諆臧聿鼎 末一字[illegible]与龔妊甗[illegible]字敝臧卣蓋[illegible]字均類

堇山臤鼎方鼎殘字 筆力遒勁疑為商器阮釋堇山臤鼎似尚未當

伯鼎 文稍弱似非偽刻

㠱孟姜匜 婦字作歸字讀甚塙

陳子子匜 孟从呆媵从坐也从金从皿古文緐簡各隨其意惟[illegible]字不可識

𢀜虎匜 說文巨即規矩之矩此作𢀜正象手執矩形疑即矩字[illegible]疑与[illegible]為一字文有緐簡之別

子且辛尊

應公尊

傳尊　末作☐形仵与且癸卣⺣字龔妊鬳瓦[illegible]字多不可解或係當時鑄器人識別即漢時物勒工名之意

且癸殘卣　首一字[illegible]有剥蝕處疑即[illegible]之異文

子孫父癸殘卣

眀乙簞　文極遒簡制作必精

艾伯鬲　首一字[illegible]似非艾字[illegible]兩于[illegible][illegible]當是地名說文大部奰壯大也从三大三目一曰迫也引詩不醉而怒謂之奰今詩內奰于中國省作奰疑即此字

史孔和　和与盉龢皆一字

龔妊殘甗 字雖殘缺肥瘦皆有力與伯貞甗數字絕不相類

耒上官鼎 [illegible][illegible]似非一字筠清館金文一器竟作四分二字平列則此字為參分二字敝藏一鼎[illegible]字亦即四分字[illegible]字疑鼎之異文諸耒器皆有此字辭與敝藏鼎蓋[illegible]辭[illegible]均係同時所制

漢元始乘輿十湅銅鼎 永始三年標題作元始想誤筆也抑更有元始鼎耶文字至精雖極細筆畫皆有力有漢隸古意弟幾百幾十器想當時所鑄各器次弟統而言之若一鼎至數百器恐漢宮亦無此奢靡也

陽周倉金鼎 文字極佳容二斗一升少斗下四字是否作一升中之半升解

廢印鼎蓋 此等文字真偽頗難辨別往往有所見而不敢信即不敢收

前寄拓本三十七種惟伯貞殘甗似可疑

鐘

井仁妄鐘

楚公豪鐘 大者

䢅未旅編鐘

虘鐘

楚公豪鐘 次者

虘編鐘

兮中鐘

楚公豪鐘 三次

鄦兒編鐘

己侯鐘

古帝字編鐘

鐸

兩手奉舟鐸

鼎

𩰫鼎

鏊鼎 器蓋

己亥方鼎殘片

㝵肇鼎

伯𧴪鼎

眉咪鼎

天君鼎

商字鼎蓋

子父癸旅車鼎

尊

亞中𡇚犧尊 器蓋

魚尊

商犧尊蓋

雙總角形子父己尊

𩵦尊

囧文㝵尊

卣

效卣 器蓋

𠦪子孫父乙卣 器蓋

𧻚中狂卣 器

冊父辛祖己卣 器蓋

伯𢝊卣 器蓋

𠦪子孫父丁卣 器蓋

矢伯雞父卣 器蓋

舟万父丁卣

壺

中伯壺蓋

罍

欽罍

鉼

緻𢛳君鉼 側文

斝

冉虎父丁斝

子孫父乙觶

亞中子形父乙觶

癸觶

聿貝父辛觶

毛觶

子立刀形觶 陽識

丙子匕父丁觶

舉父乙觶

舉祖戊觶

子魚父丁匕(丙)觶

子父甬觶

舉祖丙觶

角

宰椃角

父乙交角

父乙陵冊角

爵

盉爵

父己兆子孫爵

子王乙辛爵

子丁爵

𡿧匕父乙爵

父●爵

子貝圭父庚爵

雙爵形父癸爵

虢饕餮爵 向左

虘爵

父戊舟爵

曲祖癸爵

丁舉爵 陽識

旂單父丙爵

父●爵

酉父辛爵

爵形父癸爵

鶴爵

祖辛爵

父戊舟爵

祖乙爵

匕乙公爵

負父丙爵

父丁爵 陽識

𠂤父辛爵

爵集木形父癸爵

負爵

癸睘爵

立瞿田甲爵

祖辛爵

父甲爵

僉父丁爵

口丮父戊爵

子提卣父癸爵

舉爵 二器

二龍奉中父癸爵

子荷祼象形子執干爵

子甲父乙殘爵

山丁爵

子儿父丁爵

舉父己爵

二臣蹈矩父癸爵

虢饕餮爵 向右

子爵

𣪘

聃𣪘

城虢遣生匕𣪘

伯負𣪘 蓋器

廟形百乳𣪘

函皇父𣪘 蓋器

伯闢𢦚𣪘

伯負𣪘殘器

雙鳳集木𣪘

豐兮尸𣪘 蓋器

伯高父𣪘

商子戊𣪘

商祖庚乃孫𣪘

中𣪘

癸山百乳𣪘

盤
叚虎盤

匜
黃中匜
穌甫人匜

鬲
奠爇伯鬲
郳始鬲

簠　簋
鄀公諴簠
遅簋

盉
父辛盉蓋

鐱
王元詖鐱
高揚三劒

干首
侌干首

瞿
瞿鉞形瞿
兆几瞿　陽識
虎文立刀瞿

戈
梁伯戈
郾王殘戈柲二
佌瀘右戈
陳旂子戈
垔戈
秦呂不韋詔事戈
二年羣子戈
日岸哠戈鉎伝戈
庈戈
旅止戈
陳萩戈
卌三年戈
平陽戈
子僂口戈
陳右鋯戈
吾宜戈
秦子戈
高密戈
陳萯筱盞戈
右卯戈
龍文戈
郾王戈
䢼呂保戈
崇戈
雷文戈

矛
帝降矛
郾王矛
四字矛
芷敢矛
島又矛

秦權
詔版
秦木量詔版

漢鼎
甗鍑
雲陽鼎
漁陽郡孝文廟甗鍑

漢金刃
膠東倉官金刃殘柄

漢鍾
東漢扶侯鍾器
陽嘉三秊鍾器
陽嘉二年鍾

新莽器
新莽常樂衛士飯幘

漢熏鑪
陽泉熏鑪

漢鐙
桂宮行鐙
池陽宮行鐙
開封行鐙
日上鐙
萬歲宮高鐙
步高宮銅高鐙
未央宮尚浴府乘輿行鐙盤

漢錠
燭豆
曲成家錠
土軍侯燭豆

漢鍪
西漢十六年鍪

壺
富貴壺

八九九一七

廉生仁弟大人如手廿二日由提塘遞到十月十日
手書並録示篁齋丈信及紙様半紙皞民收
條均已領悉藉稔貴恙已占勿藥至以為慰維
起居保重善自珎衛無任企禱石門訪碑甚
苦亦甚樂鄐君開通褒余題字所缺尾段親訪
得之風雪滿山未及手自摩挲屬工拓寄數紙至

春[illegible]先生[illegible][illegible]中　芸蘭主人[illegible]

今未到尚在疑似之間永壽石刻亦尚可寶先寄
兩分亦野人獻曝之意也王遠石門銘石縫凹凸不
平此次精拓一本較舊拓尤多清朗漢中城内宣
紙甚少偏購得五十餘紙三漢刻一魏刻可拓三
分以一分奉贈一分寄簠齋文自留一分而已惟
崖谷嚴寒非天氣稍和不能上紙每種僅拓一分

春雅先生擬贋中　芸蘭主人橅

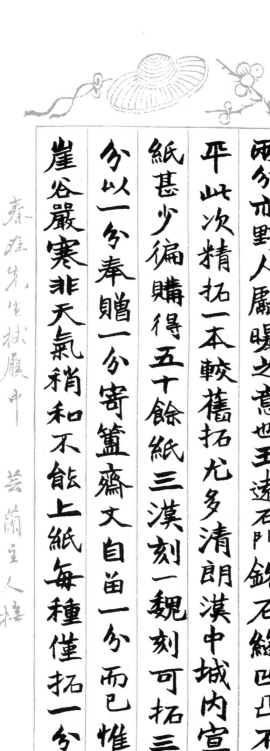

紙墨尚精較之陳拓琅琊精本墨色少遜續拓
二分尚未寄來年内能否椎拓亦未可知此事頗不
易幸為秘之恐紛〻索拓無以應命西狹頌郙
閣頌耿勳碑諸刻亦屬石門拓工張懋功于明春
二三月間往拓所費較鉅吾 弟必有一分惟
倉頡廟碑唐公房碑未能精拓各檢一分呈

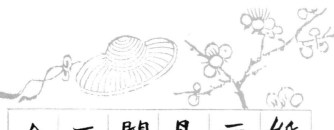

春雉先生擬履中　芸蘭主人摹

鑒想　尊藏必有舊本無足取也　簠丈所寄
拓本一簏閱之心喜不識子年丈從何寄達如
無妥便商之關提塘必為設法妥寄　兄自漢中校
射半月精神憊甚百事俱廢　昨接鄭盦師信寄
示拓本三十餘紙當以　敝藏各拓本為報　惟行篋中
所帶無多并有寄南各器　此間並無拓出者略

春雅先生杖履中　芸蘭主人摹

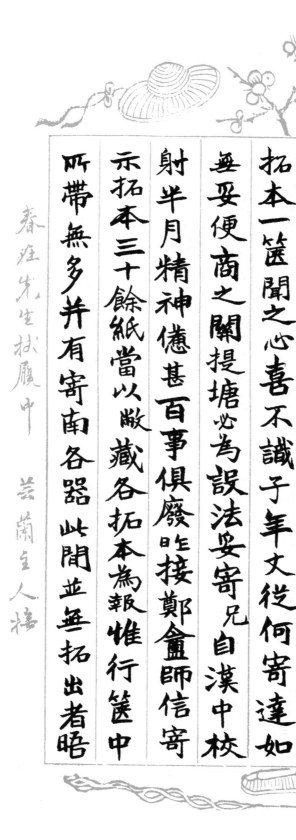

時乞代道意非敢吝也仲秋道出鳳翔以十金得
一破敦乃虢仲城虢時所作其地又為西虢故地
此兄生平第一快事特拓二紙寄呈
賞鑒盂鼎聞已入都鄭師必有精拓本兄所得
者紙墨均麤華陰廟殘石拓本亦在三原署中
歲暮再行檢寄饋歲詩十六韻附呈聊博

春在先生杖履中　芸蘭主人摹

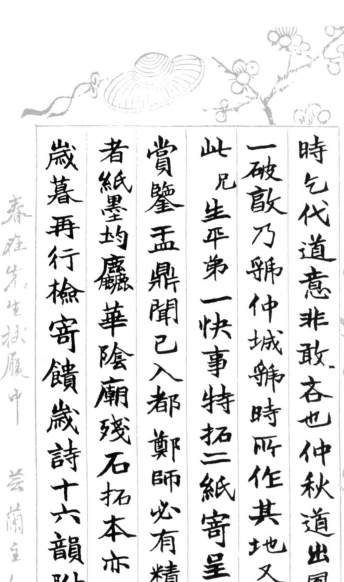

一粲。今日自興安赴商州舟中書此奉復，敬賀

年禧

兄大澂頓首

甲戌仲冬廿四日

春莊先生擬履中　芸蘭主人摹

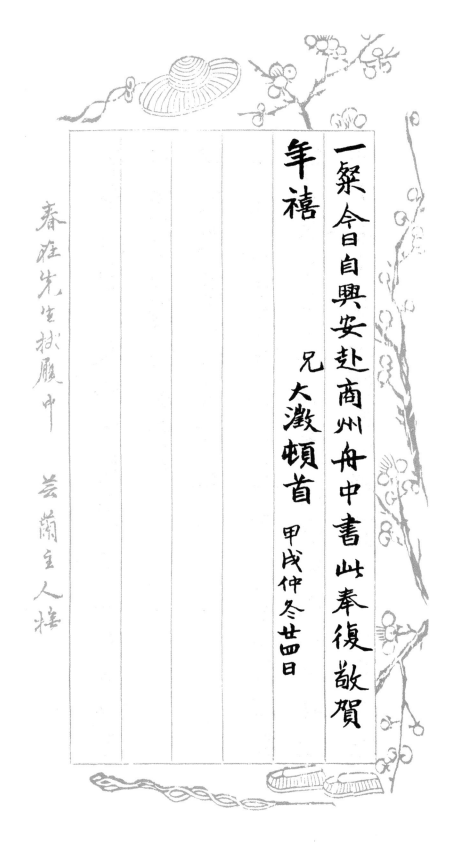

廑生仁弟大人如手前在三原函布寸緘並
由協同慶匯寄百金費
神轉繳簠文拓值計邀
鑒及兄自冬月朔啓程南下途中阻雪阻風
節節延滯今日始抵漢口計出月前後可達金閶
舟中無事手拓精品分貽同好寄呈秦詔版

秦庭先生撰履中　芸蘭主人摹

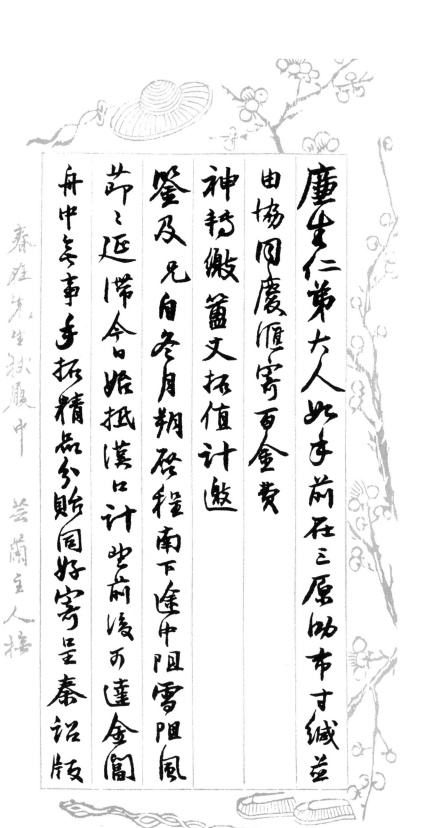

二分（一用舊宣紙拓不改）神策軍魚符一龍武軍龜符一鷹
揚衛龜符銘印范一皆頗行所得乞
寀定之詒敬盡萃于簠齋閣中近後出土
者此係舊家所藏以重值購得之遍歷秦土而
不獲一秦器未免憾事得此亦足稱快矣因拓
十紙寄　簠齋丈乞于便中

春在先生擬履中　芸蘭主人摹

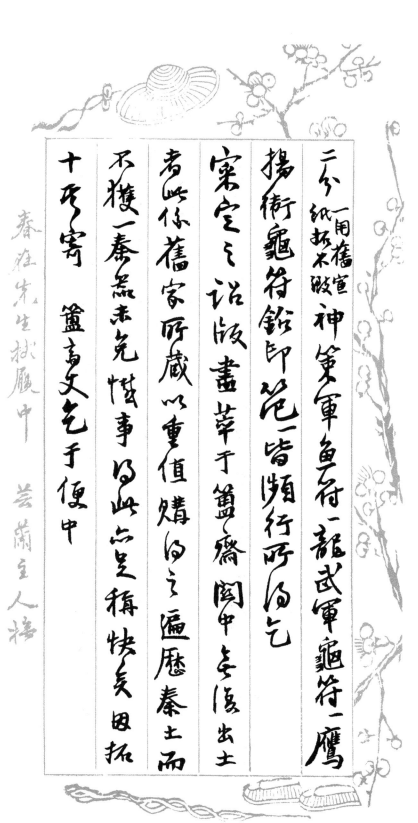

特寄爲弟所收古印得百二十餘編作印存二冊
俟明春入都時奉贈也 手此敬頌
箸祺 並賀
年禧 不莊
如兄吳大澂頓首
臘月五日

春在先生拭屐中 芸蘭主人橅

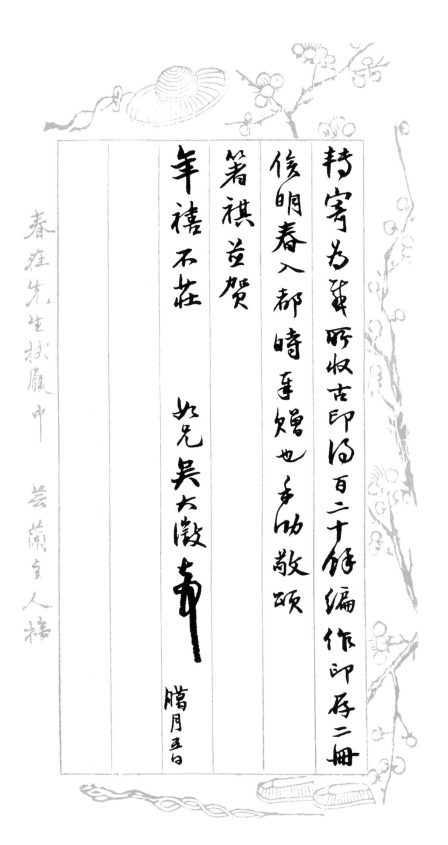

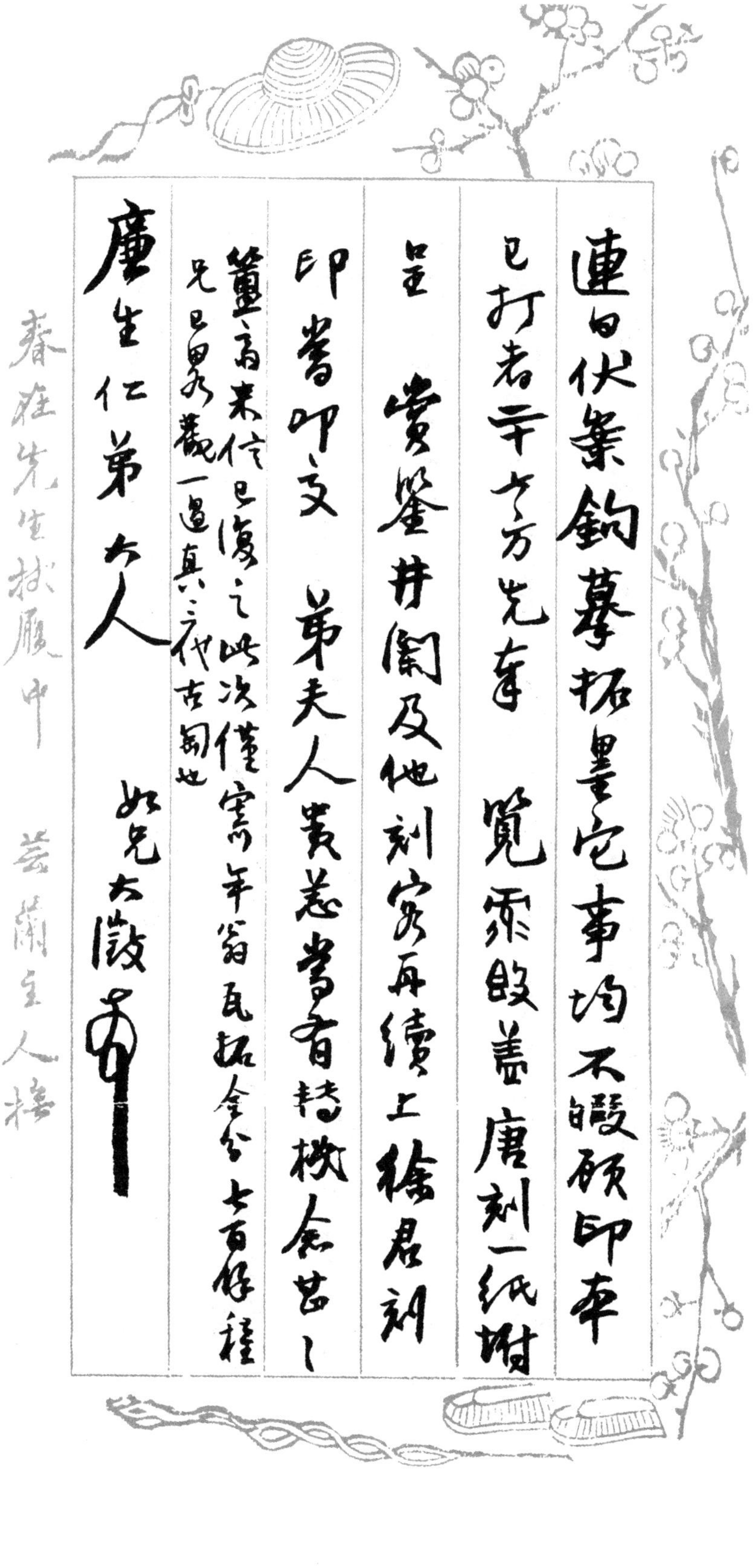

連日伏案鉤摹拓墨，它事均不暇顧。印本已打者廿七方，先奉覽。零敦蓋、唐刻一紙附呈賞鑒。井闌及他刻容再續上。徐君刻印當即交弟夫人賞鑒，當有持檢，念甚甚。簠齋來信已復之，此次僅寄年翁瓦拓全分七百餘種，兄已略觀一過，真三代古匋也。

廉生仁弟大人

如兄大澂頓首

集山僧寄到拓本三種附呈
貴鑒道啓諆鼎尚有原字題然可觀當此作一
評據其專鼎本不佳拓亦不精也圜泉亦歷
賸一枚並乞
哂存明晚之事當約 秀翁丞廣和譚之乞 示
廣生 仁弟 左右 兄大澂頓首 廿古

春在先生擬廬中 益蘭主人橅

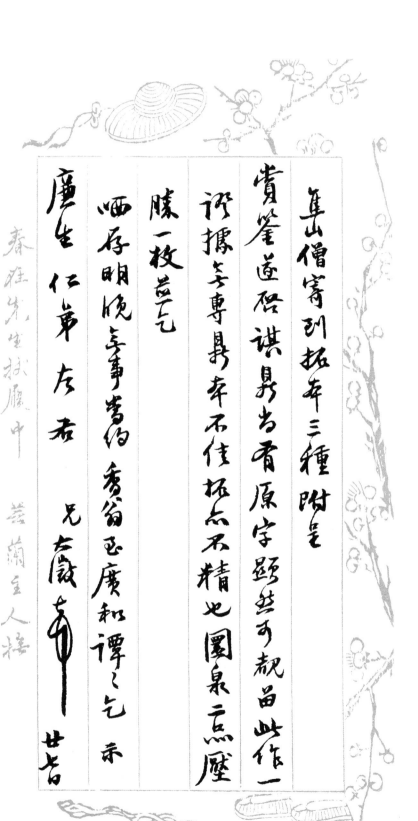

昨日寄敎已悉，不及奉陪
雅遊。高鑄釋文刪去百餘字，如有謬，尚乞再
斧削。萬勿客氣。香翁謹讓不肯動筆，無
已只得執贄門下，或不吝敎耶。
廉生仁弟　大澂頓首

春雅先生擬贋中　荅蘭主人橅

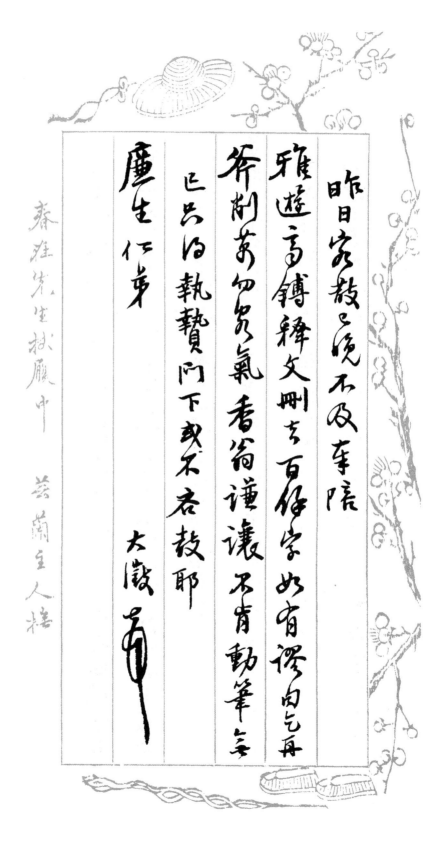

退樓所刻較前書少刻聽松及蘭亭經幢各種亦稍慎矣
然尚帶金石索筆意十鉤乃遂生出扰之貨數間以重值購
之轉贈 退樓者鄙意以為漢器宜擇精者刻之如
尊藏之千万鉤便覺可愛吾輩所見吉金將来彙成一書必
得詳案精選不為識者所笑不見原器不刻圖工而說少亦
藏拙之道也皞民已歸今日往訪又作半日譚繪圖究屬費力
春在先生撰履中　芸閣主人樓

無事時日繪一器此兄精神所結他日當与 石查拓本並傳一笑

廉生仁弟

兄 大澂頓首

春在先生擬履中　芸蘭主人橅

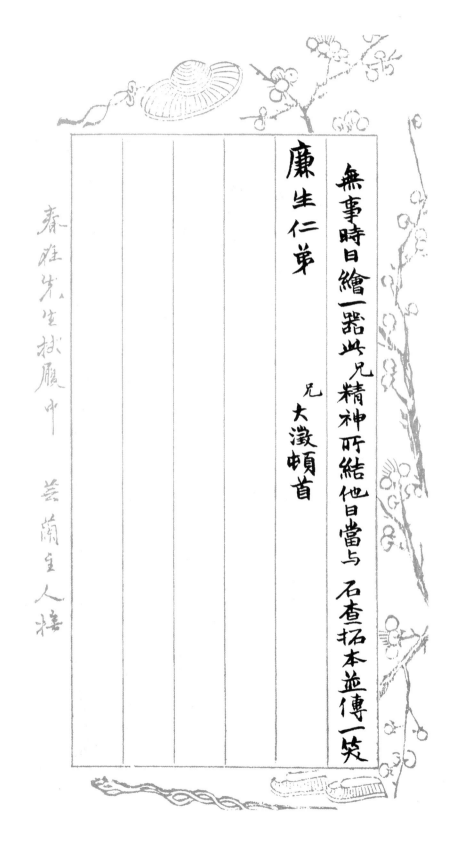

揭器求言竟掐不得出處　兄處書少檢查費力類書誠不可無也今日爲司農繪圖昨晚送去數葉今早又來索圖此豈頃刻可成如再迫促只得告假矣退樓一器亦尊屬物必有偶信然

廉生仁弟

兄大澂手復　十四

春雅先生杖履中　芸蘭主人摹

傪廬老人七十壽言集

辛酉仲冬　祝椿年題

上冊

錢勉二字原本陶録所傳當時俗字益甫一　致書昨
莊雲楣處見之司農第四行云債壺叢集轉手事
多想為頌異事而發若六百金銀款良不易辦究竟
其器若何倘所見不如所聞則經手人亦為難耳金石
學録所引各家著述兄所知者十居一二
弟則遠於金石之學從未見者亦為不少似須廣

為搜訪方可定優絀此事不敢臆斷君不能任意取舍速不違此性急者通病也明後日得暇或與執事共相商搉取而讀之其不知者為之標出留以俟諸他日可耳

廣生仁弟大人

兄大澂頓首

十七

漢銅洗文

壬申春仲

松竹齋仿古

簃盤跋尾叢話一葉領到

楹帖當請于伯蔭前輩書之

大簋師皇父鼎拓釋文先覩為快

廙生吾弟　大澂拜復　廿九日

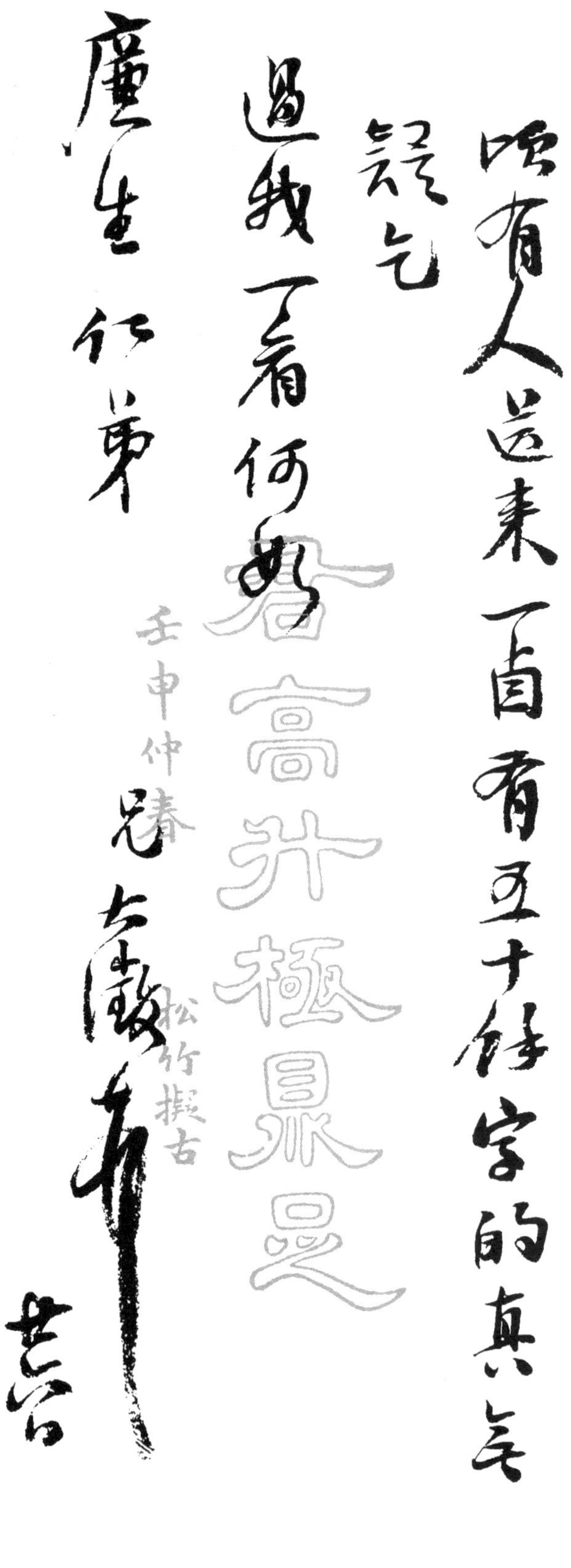
過我一看何如
廣生仁弟
壬申仲春
松竹擬古

吴窓齋撫湘書牘稿

此吳愙齋撫湘時書牘稿中有數則為愙齋親筆 甲子冬至日發于宛平畢十三年曾在函肆得此一冊則未成時所為也 培基

手書公事信稿

致王介艇廉訪書

介艇仁兄大人閣下醴陵徐令稟復監犯易芳菊
易芸書當堂省釋一案查此案易芳菊擅殺應
死罪人擬秋收贖易芸書因拳毆姦夫傷輕免議
由府司核明轉詳於光緒十七年十一月内奉　張
前部院批示如詳飭遵轉行在案何以徐令稟稱
卷查前任丁令沈令均未奉到批札是以未及提釋
究竟在何署延擱抑係該縣奉文日久未即省釋
事隔十月之久幾致無從查考若非醴陵有劫獄之
案易芳菊易芸書二犯永遠監禁無人過問實
屬不成事體恐各屬監禁内應釋未釋之犯尚不
止此遲延疏忽貽誤不淺自應剴切告誡擬請

尊處通飭各府州轉行各屬詳細查明監獄羈所如有年久羈禁無關緊要之犯或久懸不結案內之人証早應省釋而遷延未釋者分別清理以免拖累或有通稟通詳請示之案久未奉批准該府州稟催批發尤恐驛站有遺失公文不即稟報日久無從追究亦極誤事也手此敬請

台安　弟　壽　九月十六日

尊處即可以此次手函飭房叙稿通行不必另具公牘也

致王介挺廉訪書

介挺仁兄大人閣下前日承

示嚴定功過一稿詳細推敲有須斟酌處數條遂一簽出乞再

酌核妥協另繕清摺
賜示凡事求其允當不厭反復辯論也　自理詞頌
原章自五十案以上五十案以下分作二等辦理若
止記過不記功不足以資鼓勵惟原定記功章程畧
寬另擬一條附　覽　命盜案件未經審結者歸入
命盜功過章程惟查盜案處分例議雖嚴實缺
降調大半有級可抵署事人員不待限滿早經離任例
議以補官之日罰俸完結亦屬空衍文字不如由外嚴
定功過較為切實外間所記功過雖似具文而撤任一
節州縣不能不懍懍也　辦理命案如供傷不符例得
行查更正如果罪名出入有意刪改蒙混自可隨案懲
辦似毋庸列入過格恐開上司衙門有意挑剔高下

其手之弊，此節不如刪去（如有批查批詳漫不理會或不諳辦法，固執己見及開提人証鄰封不諒真情，解任催因應者，隨皆可隨案申飭，甚者亦可分別記過，不必添入過格內）。原章記大過六次撤任，並不苛刻；照尋常過已積至三十過，斷非勤於聽斷之員，即予撤任亦不為過；若改記大過十次撤任，未免過寬。此節似照原章為妥。年底由司彙總覆核，署事人員設已交卸，不如改為按季查核造冊上詳，亦酌之。手泐敬頌

台祺

弟 奇 九月十九日

原摺附繳

復王介挺廉訪書

介挺仁兄大人閣下：承

示更定各州縣功過章程，至為妥協。自明年正月

開印後始可照新章核辦照章程雖密辦理了諒
真與否仍須存乎其人所謂徒法不能以自行也吾
輩精神能貫注得到凡事皆有起色自己先視
為敷衍文字則上下皆敷衍而已天下事皆壞於此
二字幸得我
公同志相得益彰何快如之手復敬請
勛安 弟 九月廿五日

道州石门如此疲玩撤任亦不為過詳到即辦

署事一年期滿自應查核功過分別去留如實在
官聲甚好民情愛戴即有公過亦可原諒此在
臨時斟酌耳吾輩不設城府廓然大公屬僚
未有不服者

尊意以為然否　弟　大澂

致張孝達制軍書

孝達老前輩親家大人閣下：前布寸緘，當邀鑒及。醴陵匪逃犯尚未全獲，江西早已入告，不能不先行奏結，已會台銜謹發，約花衣期前可以到京，不敢稍涉鋪張。余鎮擬俟清查保甲辦有頭緒，仍回岳州駐紮，已如所請批復，想尊意亦以為然也。藕池塞口之議，湘人意在大舉，易實甫有條陳不塞正口而塞藕池之支流，其文字頗佳，恐亦能說而不能行。湘中籌款最難，近日藩庫僅存二萬餘金，他省未有此窘態

豈能憑空集成二三十萬之鉅款況湘民果議堵塞鄂民必起而撓之易實甫謂有利於湘而無害於鄂鄂人不敢深信
必及大 皆非畏難之人若於利害未能審確而遽憑紳士之圖說謬議興工無此辦法所據司詳咨達
冰案如何復奏敬請
鈞裁酌度大 實不敢贊一詞也滬上購定之淺水輪船取名湘帆已屬陳道乘便驗收派弁管帶回湘緩急可備駛用沈令錫周有奉諱之信滿身虧累未及清理已与方伯商令署事人員稍緩赴任暫令州同代理兩月俾沈令可資津

貼現尚未據詳報司中未請委署也手此敬請

勛安 侍 奇 九月廿五日

復張孝達制軍書

孝達老前輩親家大人閣下前月交陳道允頤帶呈一緘計邀

鑒及初四日接奉廿七日所發

手書謹悉一一沈令武岡州署缺已由府委州同吳廷楷代理此間擬委即用知縣黃濟川前往署理黃令尚在益陽釐局俟派員接辦該令方能交卸來省當屬其俟至冬月底再往接署則代理人員有三月之久沈令可資津貼湘中失此良吏殊可惋惜黔陽金礦自可試辦從前南師往往交司

核議象山方伯輒慮地方阻撓屢次詳請禁止
鄙意天地自然之物産因民之利而利之何樂不爲
貧民可擴生計公款稍資挹注先啓其端以後
踵而行之者必可日新月盛擬先由司派員會勘但
於墳墓田廬無礙不准土人藉詞阻當誠如
尊論湘省煤鐵五金各礦俱備非改亟宜修舉
也頃承允昌蒙
飭調署德安同知代爲銘感電稿敬求
轉達總署手叻布復敬請
勛安　姻侍生　大澂　十月初八日

北京
總署鈞鑒密　法教士范懷德於九月廿九日行抵衡

州接辦教堂事務據道府會稟照章保護民教相安堪慰　蓋屢大　肅齊

復德曉峯中丞書

此數字為寫信書

再醴陵會匪劫獄一案界連貫治萍鄉大安里一帶幸託福威兩省協力剿辦不致蔓延貽患地方藉資鎮懾弟邇營勇生擒匪黨不免有鄉愚無知被脅而來因屬余鎮詳細研訊察核口供並非詩戒人悉予保釋所謂與其殺不辜寧失不經此區區之私意辦理不善稍寬其著名匪首則一律梟示不任狡供幸脫承示托木匪首李九鄉即畹九一名其惡核鄧何山先甚況蒙提省審確天網恢恢難逃法紀想

弟處亦必從嚴懲辦也。至余鎮所統振字營保案，已
在核辦，俟來月出
奏，似可再行咨達
冰案，乞即咨復再請
勛安。弟大澂頓首

復常鎮道黃公信
鎮江府王公信

幼農仁兄大公祖、可莊仁兄公祖同年大人閣下：接奉
惠函，承
示丹徒、丹陽先旱爲災，野有飛蝗，市多
壹擯，西南各鄉有以糠麩豆渣充饑者，閣下實深惦念。
現承　樂帥據情入告，
聖恩優渥，澤及嗷鴻，凡在梓鄉，桑同深聲感戴。
值此隆冬，民情益形困苦，幸隸
帡幪之下，
仁政仁聞，四方風動

藎籌所及或可原原接濟同被勞
春風惟各省賑捐已成弩末湘中尤屬枯
窘勉率同寅量勸爲籌濟湊得湘平
銀三千兩交票莊徑匯潤城即祈
察收撥入賑局杯水之資極深慚歉惟希
鑒亮專肋布復敬請
勛安謹璧
謙版不具　治年愚弟

復張孝達制軍書

孝達老前輩親家大人閣下昨奉
手教過崇
獎飾且感且慙湘人之騰毀爲譽皆公之教也
来書亦可謂善頌善禱惟有兢兢自持懍冰
淵之惕厲日久相安或與紳民融洽遇事不致

掣肘耳萬池口鮎魚鬚一帶情形堵塞疏濬皆無良策鄙意亦擬於常德城内外堅築護堤不令衝塌（城外墻根若用塞門德土於水涸時加高培厚遇水不裂似亦經久之計）曾與司道商之

卓見不謀而合所費亦尚易籌春初似可試辦也龍陽毛令官聲尚好並聞其祖父世為名宦斷無可劾之理此間亦不聞道府有異議昨日面詢嶽垣亦無所聞想係傳聞言之誤惟各屬密考摺尚未送到計典所關亦須早為核定已屬嶽垣函催應舉應劾人員鄙見尚屬茲然也醴陵巽案正在屬稿溆浦典史汪廷燦遵

示撤參聞復辰沅翁道岳常澧廷道對調一

稿鈔奉
台覽，望俟拜發咨再備文咨達。手復，敬請
勛安。侍　冬月十二日

復總署公函　此稿為密總稅筆

中堂王爺大人鈞鑒：敬肅者，昨接十月二十九日湘字四十七號
賜書，承
示土貨混充洋貨請發稅單，多因藉口由香港
載運而來，江海關既准照洋貨，則長江各關亦
從駁回，詢屬
探本之論。惟查湘省商人向來辦貨並不親赴香
港購運，往往就近在上海購貨，一面請發稅單，
長江各關亦不復顧問，其弊在商人而不在稅司。
大啟於九月內先行出示曉諭，并令岳州釐局委
員預先告知商人，自十一月朔日起，一律論有無稅
單，但係土貨，總須報局照章完釐。近日訪聞

半月之中岳州釐局所驗商貨並無以土貨
混充洋貨之弊大抵湘商皆知事在必行不復
請領子口稅單但能持久相安此弊不禁自絕各關
監督稅司亦不致為難未始非堵塞漏卮之計也
中國土貨如江浙綢緞廣東葵扇藥材之類易
於辨別並不能與洋貨相混商人亦無可藉口其
緊要關鍵仍在嚴禁本地商人不令影射以自乃然
必與各關計較出入也現在各省沿江粵鄂各省雖未
接准回文大約已有轉機於釐務不無裨益堪以
仰慰
藎廑肅此布復敬請
崇安伏乞
垂鑒 吳〇〇謹肅 十一月二十六日 湘字第一號

復李中堂書

宫太傅伯中堂夫子鈞座敬啟者冬月初七日接奉
鈞函備承
奬飾且感且慚敬稔
杜躬集祜
福履增綏引企
門墻式如禱頌 大澂抵湘三月有餘事事從寬紳
民融洽惟查辦會匪不能不嚴養癰成患滋蔓
難圖全在清查保甲以扶其根據防營預爲
之備似亦消弭隱患之樞紐幸各屬均稱靜謐
冬防亦少搶劫之案瑞雪普霑明年可卜豐稔
仰託
福庇得以從容布置公事毫無掣肘差堪告慰

茲歷湘省庫款支絀，他省協饟不能短解，藩庫
常存二三萬金，善後局有時虧欠，年底借餉，此用
期票不能周轉，亦殊可笑。
尊處鐵路經費湊交票號，已值若何，不知年
前能否匯到耳。英法領事茲來東，湘亦知此間
士民易於聚眾滋事，有非地方官所能保護
者，匿名揭帖，自經出示嚴禁，紳民皆奉令維謹，
或不致再蹈前轍也。筱傳同年蒙
垂署理通永道篆，未知此缺能否
奏補。談道遇事講求和平，穩練久在
洞鑒之中，惟求
推愛培植為感。穆臣、子靜已蒙

列入薦剡否極而泰會黃昌歧軍門來湘敘晤
十餘日精神矍鑠步履康強令人敬佩其家
事晚為處置當可相安肅復敬賀
年禧祗叩
勛綏伏乞
鈞鑒受業吳　謹緘　冬月廿八日
再曹副將廣澤向未見過前奉
鈞諭即遣巡捕傳至署中告以
尊意屬其清理渠力辯交易時不知昌歧軍
門之家產大徵婉為開導至值有城新達保節
堂屬其將田契歸入善堂原價二千二百兩李
質堂勸令捐銀二百兩由大徵找付千兩作為

保節堂公產最爲妥協。大澂因思

師舊部亦當顧全體面，力勸昌歧軍門將控告

呈詞收回，毋庸存案，似亦兩全之道。乃書副將

心爲不平，有上

師原稿，大澂見曾爲刪削，屬令更改，不必如此

負氣，豈知竟刊刻原稿，四處送人閱。昌歧軍

門已將此稟函呈

台覽，此亦沾染湘中揭帖風氣，自以爲安分良民，

即此一端，適見其不安分也。專復，再敂

鈞祺。大澂謹又椷

昌歧軍門舊置田房已爲出示重申禁令矣。

致邵筱邨中丞書

筱邨仁兄大公祖同年大人閣下：前月曾寄復書，未知何時得達

台覽。湘波渺渺，風雪滿城，遙想臺南春風早度，氣候必多穌煖，

勛驅定卜康綏，言念

君子，我勞如何。弟到湘三月，有餘心力所能盡者，不敢不勉。前過育嬰堂，知堂内房屋半爲節婦借屋，殊非久計，因於城北賢良祠隙地擴建保節堂，可容節婦一百四十人，年内計可竣工。江蘇會館恤嫠會經費按月指廛津貼，亦可敷衍，係與韋公輝謀及浙江矜恤堂費

用支绌
旌節蒞湘時有言振興至今審屬出令
舊恩有去思之意昨晤徐守培元鄭牧立誠
知有公稟求助
康泉未敢遽達弟謂公事本有專司善舉
不分畛域我
公慈愛出衷樂成人美
桑梓之誼素所欽服必不以該守等越分爲嫌
湘省瘠區同寅均極拮据無法想我
公亦必垂憐於蒙
慨賜鉅款不厭浙省窮黎感荷
大德永矢勿諼也前

厲篆屏四幅附呈
雅鑒手勒布肊敬頌
年禧順請
勛安不具

治年愚弟吴　頓首　冬月廿六

復戴孝侯觀察書

孝侯仁弟大人閣下孟冬裕熙到湘曾接八
月内
手書適值校閱省操碌碌鮮暇闊然久不
報冬月廿六日由傅把總帶到
惠函臘月朔日伻來續奉
手緘詳示種種且感且慙承

寄葬桂嶺處尚有存者惟遠道
領來未敢固卻此間百合秋梨遠遜北產正
思託人代購近患便數而短內經係肺火煎梨飲之即愈頗有奇效迺承
雅惠療我夙疾每晚臨臥必食百合一盃其功效亦清肺火曾託黃昌岐購自金陵感感謝謝前
閱邸鈔見北洋甄別栗亦為心齋疑之繼思
軍功候補專補參劾遺缺東省在中上之列
相意中必有所專屬以為因病勒休與官聲
無礙傳相於此等事不甚用心似無它意然亦
見精力之衰
執事亦當相諒不必因此介意疑及弓長之
讒間也鄙人近來心氣和平馭下不免過寬幸
與湘中官紳文武上下交孚無絲毫之隔膜

每以武成寬信敏公四字自勵並近迂闊而王道無近功一年以後或有小效可觀近來言吏治者多不從本原做起竊不自量欲以三代治法創此規模我行我法不復顧人非笑差喜各屬兩暘時若瑞雪普霑冬防小竊甚少省外偶有劫案旋即破獲大有政順民和氣象候補中選乃循吏數員分布要地其不洽輿情之牧令陸續調省察看但願小民無歎息愁怨之聲地方官皆以體恤民艱為念區區會匪不足慮也湘省名臣輩出近則稍稍衰替士習民風思有以挽回而振興之若僅循例畫諾敷衍遷就自顧讀書敦品三十餘年何所用之不為

知己所訶責耶手泐布復敬頌
年禧不盡覼縷 兄大澂 嘉平初四日

致張孝達制軍書

孝達老前輩親家大人閣下初六日曾復
一緘計已上登
籤閣十五日接奉初八日
惠書并示閩道電所詢購槍一節湘中籌
款費力總難續購且鄙人品評德國廠勝而
槍劣向不喜用毛瑟槍現以恰乞開斯訓練
湘軍兩月之中挑精者已有二百四十人極標左
營為上右營次之練軍前後營相埒長沙
協最次僅此百桿槍居然練有明效若得

千捍半年〻内總可得三千勁旅即有伏莽
亦必聞而膽寒或可消弭隱患匡世明已經
購綫擒獲大快人心非我
公指示不能如此痛快已屬翁道多派弁兵
押解鄂垣聽候
訊辦剪鋥李金山〻犯亦懸重賞購拏尚無
消息殊不能邀此恢〻〻細也京員津貼已籌
三千五百金由漢口電滙到京可濟歲晚〻困
酌定翰林五十内閣四十部曹三十与鄂省章
程大略相等招賢二字為小說所濫用改作
求賢館借荷池精舍明年度地鳩工並
聞手復敬請

勛安 侍大頓首 臘月十七日

復張子寞學使書

子寞仁兄大宗師同年大人閣下前接岳州枘内手書並讀佳章敬佩敬佩因候淺水輪船至今未到是以久未作答臘月初二日續得冬月廿一日澧州惠書望日又奉臘八日手翰詳悉一一承定奎令信任門丁先有所聞業經撤任調省察看接大咨後又飭兩司會委周守聯慶前往會同澧州潘牧查確嚴辦當不致含糊了事弟有手諭屬員不得信任門丁家人一稿已刻又諭各屬

士子安分守己不得干與訟事一稿尚未刻一并寄
呈
台覽挽回風氣亦殊不易自愧德薄才疏
不足爲屬寮表率求得三五循良之吏而不
可睹洗令寶榦委署永興簡缺其才力具太短過
於長厚但恐爲幕友家人所愚弄甚不放心湘中
州縣優缺概從簡便嚴禁燕菜燒烤酒席及
折夫折席等事隨從人等不過二十人轎夫扛夫
限定一百二十餘名自行發價如每州縣費一三百
金尚不爲累
篆節所臨亦望
曲加體恤不獨該牧令等銘感也明年二月

初十左右可抵辰州即住府署較為便適已
函致夏守不必另設行館手復敬賀
年禧不具 年愚弟吳大澂 東坡書

致張孝達制軍書

孝達老前輩親家大人閣下初五日泐復寸緘
附呈小詩兩絶句計
早上塵
青覽新年已過想已文旆巡閱營伍尚有數
事奉商敬求
酌核賜示為感
婁俊山軍門来省有條陳天心湖開墾荒洲
事宜明知私墾不能禁絶萑蒲嘯聚亦所不
免然採訪輿論皆以築圩為宜禁墾田愈廣
与水爭地常澧水患皆由湖身淤淺不能暢

流所致 鄙意安插游民興利小渠圩阻水其患
大疏濬臨資口一議本屬正辦但恐旋濬旋淤亦
事理之常費不易籌即不能輕議施工且油木
兩項加抽水利經費詢之周道亦屬窒礙難行
閣 俊山軍門亦曾繕摺呈
覽 未知
尊意以為何如
示大略以與 鄙見相同即作罷論常德府城擬
築護城隄此次閱操之便親往相度應趁湖水
未漲以前早為興築擬購北洋仿造塞明德土
四五百噸未知能否應用因致
合肥相國一電求為
飭發如有回電敬乞
轉寄常德以便派員速領
會匪翦煌想已解到 州廷道親訊幾於漏網

所供情近實係罪大惡極到鄂當不致狡翻此
次
奏保翁道廷道均可保以應升之缺升用似較尋
常加銜稍有實際祈
尊裁酌奪
求賢館本擬購地興築適有周薈生之兄荔樵
舍人以省城自置房屋索售外有菜園地基址
甚寬並有出賃之館數十間可以每年租金抵歲
修之費已屬長沙趙守與之議明房價一萬三
千三百金一并在內寫立契據可省土木之工
湘省孝廉書院向借賈公祠內考課並無下榻之
地外縣孝廉來省多住客棧前未專設書院
適有黃瑾腴同年住宅數十間興造不過兩三
年現因謁選入都兼有夙逋亟須寬主已屬趙
守議價萬金購作孝廉書院規模閎敞此亦不
可少之地惟同時籌款良非易易耳並以附

聞日前奉有
寄諭劉毅齋中丞被
召入都惟其足疾未療恐須稍緩如何覆奏尚
無來信也手此敬請
勛安 姻侍生

復翁叔平大司農書

叔平年伯大人杖履正月廿四日摺弁回湘奉到
手翰過蒙
獎許且感且慚敬稔
福履增綏
賡颺協慶
和神當春以欣以頌湘中吏治似校它省易於
整理但使牧令中多一循良之吏窮簷自少愁

怨之聲真西山先生治潭州時以廉仁公勤四
字躬率僚屬竊願以此自勉并与同官共勉
之每遇衙參時不憚苦口相勸一二年後或有
明效可覩近刻手諭二種附呈
台覽求
教〻明日出省赴西路閱操隨從不過二十人
一切供帳概從簡樸向來州縣以撫院巡閱為
大衆動費二三千金此次力矯其弊明定章程
所用夫馬不過十之二三當可删除浮費前已函
致筱珊兄轉諭各屬概勿鋪張否則騷擾屬
員与騷擾閭閻無異也筱珊兄約於四月初交
卸屆時如有鶯遷之喜并可不赴新任此亦

意中事耳廉夫畫極蒙
賚鑒有知遇〻感手復敬請
道安不具　年愚姪　頓首　正月廿六日
再啓者湘中庫款除協濟各省外時有入不
敷出之虞各庫各局並無外銷閒款查有規
復京員俸餉一項每年籌解八千兩竟將善後
局所存節省長夫餘銀挪墊不少在每年所解十二萬〻外尚有餘銀
然此係正款遲早總須解部不能以此為閒款也
聞前項解款已改撥海軍　防
餉如
大部准其報銷即在節省長夫餘銀內動支
免致將來糾葛不清昨已備文請
示不敢先行入

奏如蒙
俯允并可騰出閒款二千餘金爲書院加給膏
火之費此鄙人之私意也
又湘省歷届報銷案内長夫每名每月只准報
銷五錢四分實發銀二兩一錢與報部章程大不
相符局員造報皆於他項軍火内設法融銷殊屬
非是乃光緒十三年奉
文裁減又照實發數目裁減報
部與銷冊銀數自相矛盾曾奉
大咨詢及湘省長夫向章每名每月五錢四分
何時增至二兩一錢加數倍之多本應駁飭不准
姑念本部提用暫免駁飭等因當時仍未據

賓奏明并將銷案擱置不理可謂一片模糊姪現
在督催造報不能不逐一清理擬先
奏明立案為前任彌縫其闕并以坿聞 姪又啓

復張孝達制軍書

孝達老前輩親家大人閣下初十日奉到
手教拜讀
大疏盡籌偉抱博大精微為中國自強之根本
開山川自有之利源一簣功成效可立見而籌成
本二十萬仍係兩湖之款必可仰邀
俞允惟為數無多恐廠中仍形支絀不免代為
願慮然亦可見
苦心孤詣舉重若輕即西人之善於經營者

亦不能如此之費半而功倍也明日有摺便虞
山尚書處已續致一書因前函未得復音耳
匡世明解往江寧質訊此是正辦犯係正身
亦不慮其狡猾蕭煌自供姓蕭似可信是否
逵世明堂
尊處必已訊確華容匪首先後擒獲承
派蔣都司至為得力極應優保湘省隨同出
力之弁酌擇數人亦可然必蔣都司赴機神速
豈能如此應手可感可佩陳令已病故即作罷
論園紳酌保一二人請即
核定挈銜拜發我

公於湘事不分畛域正大　所欣感斷無意見也常德城垣被水最重處惟上南门至下南门一帶市廛櫛比近貼城牆無一空隙细詢該處商民水至則避水退即還簷瓦時被淹没房屋不致倒塌大约盛漲不過兩三日居民習以為常故城内外無法培補只有筆架城數里並無民房城内正對學宮亦極緊要可用塞明德土弥其罅漏城外石堤亦可以土代灰水至不致沖缺於護城隄不無小補常郡匠工從未見過不知土沙調和之法鄂廠常用洋土請局飭若觀察代雇熟手匠工兩三人令其徑至常德以備教習土工如委員王紹

鈞尚未回常印文帶去至威之此外堵築疏
濬均無把握想問道裕道霞勘亦無異議請
印
主稿霞奏大 不能贊一詞亦謙也常德揭帖
可惡之極其實刻鋪射利每本賣錢七八文本
省並未見過犯經董令拿獲訊認必當嚴辦
以儆效尤辰沅民情好訟佐貳擅受之習屢戒
不悛擇其尤者酌劾數員沅州沈守勸捐校經
書院經費按田苛派民怨沸騰芷江一縣書捐
至三萬五千串如果可行通省可捐一百數十萬
串何事不可成不惡林文忠之外孫而不恤民
艱如此亦覺可怪大 出示停止收捐顧儆者聽

其自便另為校經要籌經費以黔陽金礦議儆二
成公費全撥沅州校經書院又有釐商客棧抽
費涉訟斷令每石提錢十六文作為校經書
院經費每年亦有千餘串在沅州多住一日要
為擘畫士民無不樂從矣歸途游大酉山訪
桃源洞記有詩無暇錄出稍遲呈
教十八日赴南路閱操悤悤肅復敬請
勛安　姻侍生吴大澂
三月十六日

西域界務本可與俄人熟商斷無開釁之理其征
調巡防乃俄人自固疆圉何足為異子方同年於
洋務稍有隔膜致書合肥有求退之意恐毅齋
中丞廷疾未瘳念及鄙人想未入奏外間傳

説未始無因毅帥遲遲我行未知何日北上大　自
忖無范希文之才不敢慕班定遠之志湘士大夫
愛我如桐卿偕同經營三五年吏治民風當有
小效可覩人生精力專用之則見長我
必爾必諒此愚衷也手復再叩
勛安　侍大
澂

沅州道中作

造物生財有數存古今時局變晨昏山川未洩
金銀氣煤鐵都開衣食源欲為閭閻開地寶
莫拘風水惑人言從來大利因民利願覽輿圖
細討論

自沅陵至芷江一帶重山疊嶂奇石林立不長

艸木之處其中必多煤鐵亦無墳墓居民間有煤窿內土人挑至城內每擔百四十斤窿內只取八十文光亮而質堅此地所謂香煤者此係上等煤挑至水次亦不過每斤二文以此鍊鐵必佳惜湘民無鉅本又少辦事之人自然之地寶棄之可惜如黄生忠浩所開金礦辦有成效方可逐漸擴充大利之興當在二十年後偶得一詩録呈

教正 大

奇

致何象山方伯書

象山仁兄大人閣下頃接署中包封有三月廿日

代行咨札稿一件 春三月初九日

諭旨一道奉撥山西賑款應飭陳道將已解漕米迅速變價解津轉撥旋接陳道來禀除付米價外僅存銀

二萬四千九百七十三兩三錢可以聽候撥用而晉賑待款孔殷務難久稽若俟漕米變價恐非一兩月所能措齊不得不設法籌墊鄙意擬飭陳道湊足銀叁萬兩由粮道借墊銀二萬兩善後局借墊銀壹萬兩湊足六萬派員乘輪解津以資賑款一面飭陳道妥速變價歸還道庫局庫墊款並將水腳運費箇兒錢等項詳細核明報我若干再行補解庶可無悞賑需俾陳道亦得從容變賣不致折耗太甚乞就近

飭房擬稿分咨津鄂何如手泐布達敬請

勛安　弟大澂　三月二十三日

粮道善後局借動何款應飭詳明以便出月坿片奏明

致李中堂書

宫太傅伯中堂夫子鈞座大 自正月廿七日出
省校閲西南兩路營伍風塵僕僕七十餘日久未
肅函上叩
起居敬維
桂躬萬福
德威化鈞
澤普黔黎天下蒙
福曷勝抃舞晉賑得
鼎力主持派員會辦必可全活數十萬飢民
湘省漕糧遵
旨飭令變價旋得杏蓀致陳道一電知蒙

籌款墊撥自當趕解歸還惟陳道允頤承辦
糧米業已購齊運滬急切變價必多折耗虧
累且恐稽延時日現飭司道先行籌解銀四萬
糧道二萬善後局籌防局各一萬即日派員解津奏請將光緒二十年
應解漕糧提前趕解所有糧價運費水腳及留
兌錢限令於五六兩月內催齊解津以歸
尊處墊款本年應解漕米仍令陳道允頤
趕速運赴通倉如此一轉移間賑款不致遲誤而
天庾正供亦可不缺想可仰邀
俞允也湘省未習洋操步伐均不能齊壹雜技刀
矛雖有可觀臨陣均屬無用槍靶工夫甚淺現令
各防營專習後膛快槍半年以後或有進境統

領中以劉樹元為最水師以陳海鵬劉永清最為
要好尚無習氣其餘碌碌不甚得力也大　於四月
初八日旋省水陸勞頓一病五六日疲乏不堪今
日愈覺愈精神尚未復元手泐布肊敬叩
鈞福　受業吳大　謹啓　四月望日

致張孝達制軍書

孝達老前輩親家大人閣下三月十六日詳布
一緘諒早
鑒及　侍自永州校閱營伍竣事於四月初八日
回省水陸勞頓兼受濕熱一病十日飲食大減
終日倦臥精神不能振作脾胃為濕痰所
阻連服厚樸橘紅半夏等藥胃納稍開昨今
兩日接閱撫標長沙協各營操演諸歷從

事過此數日尚須休養十日半月當可復元
也知關
垂念先此布達餘詳別函敬請
勛安　侍
糧儲呂道守具本屬平庸自大　到任後
馴謹無過故去冬密考有公事尚無貽誤
之語惟年力就衰已有退志現在稟請開
缺修墓業經附片奏明在案該道本係
吏部催取引
見之員應否於覆奏摺內聲明俟其銷假回
湘再行給咨送部引
見既經開缺則能否勝任一節似可不必再提酌
擬數語即請

尊處主稿挈銜覆奏現委但道湘良署
班斯缺矣并以附聞部章道員奉
旨到省者遇缺即應奏補鄙意到省未及半
年遽行補缺未免太驟擬奏請
特旨分發人員俟一年期滿甄別後遇缺再行
奏補似於叙補章程較爲公道否則候補
二十餘年資格最深情形熟悉之員輒爲
新班所壓殊未平允直隸奏補通永道缺乃
以河工爲重點權宜之詞不如竟請部議
定章以歸畫一質諸
尊意以爲然否
糧米急切變價折耗甚多承辦之員不
無賠累現在奏請以光緒二十年應辦

糧價提解歸還津局墊款本年應運漕糧仍令陳道運赴通倉未知仰邀
俞允否

上合肥相國書

望日交撫弁帶呈一緘月內當邀
鑒及湘中吏治民情尚有可爲大　竊不自量欲以迂遠之圖默化其浮囂之氣久之當有明效大吏與小民每多隔膜惟有牧令得人能通上下之情而聯指臂之使約計通省有十餘州縣能爲百姓造福者候補中可造之才亦尚不少大　以勤理詞訟通達民情爲考察最難革除者胥吏之弊常與屬寮言之地方州縣能不爲門丁書差所用便

是好官然一握銅符輒為左右近習所把持但知體恤門丁書差而不知體恤民艱其理誠不可解湘省錢糧有差墊民欠之弊糧差掣串到手故意拖延並不催繳一過限期糧價頓增按日計利甚至漕銀一兩加至二兩以外者民受其累而官不能禁其弊最深現擇其尤甚者逐縣為之清理若僅頒發告示嚴札通飭不過多一具文無益於事也賤恙已愈精神漸可復元連日接閱省操候補武弁數百人馬步箭多不中靶者終日堂皇殊覺無謂副參游中曾在軍營出力者一經歸標苦不勝言大半年老無用亦殊可憫不獨寒士無廣廈之庇也若秉委員謝楨

解還晉賑銀兩之便附呈夏布食物四種聊
以伴函敬叩
鈞福 受業吳大 謹啓 四月廿一日

致張孝達制軍書

孝達老前輩親家大人閣下昨日劉雲樵回
湘蒙
委署理永州鎮於地方營務兩有裨益
永防二營自可仍令兼統鏡丞本係劉
軍文案衡永各營聯絡一氣於緝匪捕
盜不分畛域尤能盡其所長
藎籌遠慮敬佩敬佩武岡會匪未能消
患於未萌致鄉民被其蹂躪此皆大 疏

事遲鈍之咎，聞之殊覺歉然。至會
台銜由驛馳
奏，鄖縣前獲會匪一并叙入。想江西不必
有奏報也。連日接饒函來稟，密派勞勇混
入匪黨，作爲內應，調度一切均極穩練，頗
似淮軍戴孝侯，畢竟文員勝於武弁。
尊意以爲然否？劉鎮述及湘潭運煤船
隻不甚應手，局中有自行造船裝運之議。
鄂意造船費鉅，一時恐難就緒，湘江煤船似
尚不致缺乏，但須局員與船户聯絡得法，
使之無所畏懼，不視爲官差，而視爲商利

斯人人皆樂受雇轉運不致為難。大前在秦中經過荆紫關，見左文襄所設轉運局辦法極好，委員絕無官派（忘其姓名），船戶馱脚樂為之用，遇有軍火糧餉，隨到隨運，從毫無阻滯。民間所有船隻驢馱，先儘局用，次受商雇。大詢之船戶何以能如此踴躍，彼云同一裝運，局中則常年雇用，小民頗受利益。細察情形，約有數端：一不剋扣，二不留難守候，三不勉强多裝。蓋船戶斷無不願多裝之理，裝多則易於淺擱，欲速反遲。荆紫關一帶河道淺窄，轉運頗不易

易大
知委員之得人默而識之至今猶能記
憶也湘潭設局未久委員與船户能否浹
洽大人亦未深悉何不以鄙言録示局員或於
運事不無裨益至途中偷漏攙和之弊可
由木師派勇按幫押運候
示飭遵湘鄂一家必可相助爲理也手泐
敬請
勛安 侍 南
二十年二月十六日
挖煤運煤皆湘民之大利湘中官吏豈可膜視
致鏡統領茶壽書
望日接閲

來牘已詳細批答昨日續得
手畢知前寄一函已逕達
覽所
論烏合之衆受惑者十之三被脅者十之
七洵係實情弟亦料知匪黨無械無糧毫
不足恃以
閣下所部之勇益以劉游擊之三百人總可
兜勦殲擒不致蔓延貽患惟軍事無論
大小先以輕敵爲戒事每出於不及防患
或乘於不及料陳占元兩次小勝以寡擊衆
尤恐長其易事之心或蹈驕兵之失此亦不
可不慮惟聖人臨事而懼之訓爲千古

用兵者所當謹守弟於吏治軍政並一不
以敬事為念雖遇此等跳梁小醜亦必慮
周藻密不敢稍形玩忽孔怯又匪首張整
並張貴仔諶北海等但能用間按名弋
獲即可解散脅從而遏亂萌特慮其窮
竄遁入山深箐密之中一時不易就擒只
有立懸重賞令其餘黨自傳來營二張每
名賞格銀五百兩諶匪賞格銀一千兩此股
早一日解散即民間少一日蹂躪庶湘
人不以鄙人為養癰貽害則大幸矣至新
化之蘇家洞茶市黃家廟等處與圖
局所繪之圖並此地名圖内有禾青市东臨資水西北距新化城三十餘里未知即

荷市否或与隆回相近会匪别是一股似未与張
憾合謀如兵力有餘再行派隊搜捕不必手復
即頌
捷祺　弟　拜
二月十七日